Shinmai Sensho 信毎選書

出会いの寺　善光寺

堀井正子

Horii Masako

はじめに

なにげない何かが、出会いになることがある。
そんな、いくつかの出会いが重なっていくうちに、「出会いの寺 善光寺」を書いてみたくなった。

平成十五年だった。善光寺ご開帳が終わったばかりの信濃毎日新聞にこんな記事がのった。新潟県小千谷の女性の、善光寺は亡き親や兄に会うことができ、家族が再会できる場所だと実感したという記事。

女性がそう思ったきっかけは、平成九年のご開帳の時のこと、あまりの人混みに動けない車イスの母（八十八歳）と女性（五十六歳）を、坊のご住職がご本尊の前まで導いてくれた。間近に前立本尊を仰ぎみた女性は、思わず母に「お父さんがいるよ」と声を掛けていた。すると、突然、歩けない母が立ち上がり、前立本尊の前に倒れるように座りこみ、手を合わせて拝んだまましばらく動かなかった。

母は父に会っている。そう思えた時、女性もまた父を実感していた。若い母を残し、幼い三人の子を残し、父はどんなに無念であったろう。六十年近い歳月をこえて、母と女性が亡き父に出会えた瞬間だった。

それからは毎年、母と女性は父に会いに善光寺に来た。その母が亡くなり、兄も亡くなり、女性は三人の遺影とともに前立本尊に手を合わせる。「父がいる。母がいる。兄がいる」、そう感じられて、温かい気持ちになるのだという。

亡き人と善光寺で会いたいと思う物語は昔からいくつも重なってきている。だが、二十一世紀を迎えた現代にも、亡き人に会いに善光寺に来る人がいたのだ。昔話ではなく、今も「出会いの寺 善光寺」は生き続けている。

同じ平成十五年の六月、善光寺のご縁で亡き兄の戦友に出会えたという投書が長野市民新聞にのった。

兄は昭和十九年に戦死したが、無事に帰国できた兄の戦友が、ぜひ一度善光寺にお参りし、亡き友の仏前に手を合わせたいと思い続けていた。昭和五十九年、ようやく念願の善光寺参詣を果たし、さて亡き戦友をと思うのだが、手がかりは安茂里という地名と戦友の名だけ。一万八千人もの住民のいる安茂里で、帰りの列車まで二、三時間しかない。たまたま聞きに入ったタバコ屋が、戦死者がいたことを憶えていてくれた。もしや、その家かもと丁寧に道を教えてくれた家が、まさに亡き戦友の家だったという奇跡のような出会い。兄の戦死の様子などを聞けた家族もありがたく、戦友もまた長年の思いがかなったと喜んで帰って行かれた。それから間もなく兄の戦友が急逝し、改めて強く、出会いの寺の不思議を感じるという投書だった。

私の知人に、一年の間にご夫妻ともども弟さんを亡くされた方がいる。つらい思いをかかえて迎えた平成二十六年の元旦、ご夫妻はつれだって善光寺に行き、亡き弟二人に「声をかけてきました」という。「命日にも善光寺に会いにいってきた」という。

知人は「善光寺に行けば会える」、そんな気持ちがするという。「だって、善光寺に帰ってくるんでしょ、亡くなった弟たちは。一人は遠い県外であるし、こちらの年齢もある。とても会いには行けない。でも、善光寺へ行って声をかけてくれれば落ち着ける。だれでもどの宗派でもでしょう、善光寺さんは。実際、落ち着けるものね。声をかけてくれれば」

今に生き続ける出会いの寺をたどりたく、まずは高倉健さんの善光寺から。

目次

曲

第一章　亡き人に会いたくて

一　高倉健の善光寺

毎年、節分が来るたびに、あるいはもしや、高倉健は今年も善光寺詣りをしているのではないか。そんな思いがよぎっていく。平成二十七年、二〇一五年も、同じように迎え、同じように春が来ると思っていたが、二十六年の晩秋、思いもよらぬニュースが飛び込んできた。

高倉健、十一月十日に死去、のニュースが十八日に。

そして『文藝春秋』二十七年の新年号に、高倉健の最後となった手記が載った。「諸行無常」で始まり「合掌」で終わる、まるで修行僧を思わせるような手記。人生諸行無常の「人生が変わる一瞬」を、十四歳の昭和二十年八月十五日に体験したという高倉健。それからも何度となく、「人生が変わる一瞬」を味わったという。それでも妥協なく俳優として生きるために、比叡山の大阿闍梨酒井雄哉さんにいただいた言葉、「往く道は精進にして、忍びて終わり、悔いなし」を腹に据えて、歩み抜いた。

高倉健はこの言葉そのままに「忍びて終わり」、「悔いなし」と去っていった。

初めはギャラに引かれて

その高倉健が、深々と善光寺に出会い、節分会に通い続けていた話をご存じだろうか。通うこと、実に三十年余。善光寺関係の方々はもちろん承知しておられたことではあるが、プライベートな話を口にはなさらない。詳しいいきさつは高倉健自身のエッセイ「善光寺詣り」(『あなたに褒められたくて』所収)が書かれるまで、模糊としていた。

エッセイによれば、高倉健と善光寺の節分会との縁が結ばれたのは昭和三十四年。東映第二期ニューフェイスとしてデビューして三年という年だった。東映の宣伝部から「行ってくれないか」とお声がかかり、しかも破格のギャラなのである。

ご本人がいうには、そのころ主演でも映画一本で二万円が出演料。それが善光寺は五万円、一泊二日で、温泉付きで、仕事は裃《かみしも》を着て豆をまくだけという破格の待遇だった。「牛に引かれて善光寺」ならぬ「ギャラに引かれて善光寺」で始まった善光寺との縁だった。

二枚の写真

二枚の写真がある。

一枚は昭和三十三年の善光寺節分会。

東映の宣伝部で言われたように、高倉健はきちんとした裃《かみしも》姿。着慣れないはずの和服や裃がみごとに決まっている。善光寺威徳院の前ご住職林豪信さんの御指南によるという。じつはこの和服、威徳院さんの物だったらしい。若い健さん、信州の寒さを知らず、薄手の背広で来てしまって、あまりに寒そうでかわいそうで、厚い冬物の和服を出して着せてあげたのだという。

左にはもう一人、スター招待者の花柳小菊。昭和十年に日活から女優デビューした花柳は板東妻三郎や片岡千恵蔵の相手役をつとめ、昭和三十一年からは東映の専属となり、時代劇の脇をかためて活躍していた。新進の高倉と中堅の花柳は、節分会スター招待者として善光寺の記録にも残っている。

もう一枚は昭和三十四年の善光寺節分会。

背広姿の高倉健とあでやかな和服姿の江利チエミが、山門を抜けて本堂へ向かう。大変な賑わいで、当時の信濃毎日新聞にも「昨年を大きく上回る約五万人」とある。江利チエミはテネシーワルツを大ヒットさせた人気スターであったし、長身の高倉健は颯爽とした魅力を放っている。いかにも良い写真で、二人は結婚直前だった。

昭和 33 年、初めての善光寺節分会に臨んだ高倉健。裃姿がみごとに決まっている（撮影者不明、善光寺威徳院所蔵）

エッセイ「善光寺詣り」には三十四年が初めてと書かれ、三十五年にも仕事で善光寺に来たとある。ところが、三十五年の節分会を信濃毎日新聞で調べた時、江利チエミ、清川虹子、佐久間良子らとあって、なぜか、高倉健の名がない。おかしいなと思いながら、エッセイの記憶違いということに気付かずにいた。高倉健追悼の報道の中で、毎日新聞に三十三年の裃姿の写真が掲載され、初めての善光寺は三十四年ではなかったのか、三十三年であったのかと写真に眺め入った次第。

初めてではない二回目の三十四年だったが、この年は高倉と江利と二人して招かれた印象深い節分会で、終われば二人の結婚式が待っていた。挙式は高倉健の誕生日の二月十六日、人生の大きな節目を前にした記念すべき年だった。思い出は鮮やかであればあるほど強く記憶に残り、初めての善光寺まで三十四年という年に取り込んでいってしまったのであろう。

やはりこれはと、記録を調べ直すと、高倉健はエッセイに二回と書いているが、昭和三十三、三十四、三十六、三十八、六十一年にも招かれ、エッセイ出版後の平成五年と六年にも招待されていた。

三十回続けた節分会

高倉健は、三年目は豆まきの仕事を離れ、一人の参詣者として節分の日の善光寺に行くことにしたという。

「牛に引かれて善光寺詣り」のことわざは、「牛」でも「ギャラ」でも初めはどういう形のご縁でもいい、やがて真の悟りの世界へ入れればとの意味だという。高倉健の場合も仕事ではなく、一人の参拝客として行こうと思い立った時、真の意味で善光寺に出会い、それからずっと通い続けずにはいられなくなった。

高倉健と江利チエミが参加した昭和 34 年の善光寺節分会。二人はこの直後に結婚式を控えていた（個人蔵）

三十年間、我ながらよく参詣し続けたものだと思う。

エッセイにもらしたこの実感、確かにこの三十年、俳優高倉健は実に多忙だった。特にプログラムピクチャー全盛の時代は、毎週、二本ずつ、作品を変えては上映する映画全盛期だったから、多い年には一年に十数本も撮るような過酷なスケジュールになる。三日三晩徹夜もある。精神的にも肉体的にも限界を越えて、ふいにスタジオから姿を消し、隠れてしまったこともある。善光寺詣りをして戸倉温泉の宿に籠っていたのだという。

海外ロケの年もあった。「海へ」の時はアフリカにいたし、台湾ロケからとんぼ返りしたこともある。ちょうど三十回目の節分会の年は「ブラック・レイン」の撮影でニューヨークにいた。スケジュールにゆとりがなく、スタッフに申し訳ないと思いつつ、どうしても落ち着けず、プロデューサーを納得させてとんぼ返りをさせてもらった。

まさに万障繰り合わせて、頑固に通い続けた三十年間なのである。

先祖と呼び合う魂

なぜ、そこまで善光寺にこだわるのか。

節分会は社寺で、というだけなら、東京近辺にも浅草寺、東京芝の増上寺、神田明神、池上本門寺、水天宮、少し足を伸ばせば成田山新勝寺等々、名だたる社寺は枚挙にいとまがない。それでも善光寺に惹かれる理由を高倉健はこう語る。

善光寺に来るとなぜこんなに清々《すがすが》しく、すっきりと気持ちがいいんだろう。

あるいはこうも、さらにこうもと、次々に語っていく。

あの寒風の中でお詣りするというだけで、気持ちがいいのです。どんなに忙しい時でも、この日だけは無条件で善光寺を目指した。今年は忙しいからやめてしまおうか、と思うこともあったが、そう思うだけですでに気持ちが悪く、いたたまれない気がして、どんな無理をしても、信濃路を目指した。

じつは、高倉健には、善光寺に深く惹かれたご先祖がいた。

一七八九年生まれのおばあさまで小田宅子《いえこ》さんという。宅子は北九州の筑前国から往復三千二百キロ、五カ月もの旅をして、善光寺参拝に来ていたのだ。

高倉健はずっと知らずに暮らしていたが、前田淑先生（当時福岡女学院短期大学教授）が手紙で知らせて来てくれた。

それによると、宅子は、天保十二年、一八四一年三月に善光寺にお詣りし、日光や江戸をまわった帰りにも善光寺に来ていた。二度も善光寺に詣でずにいられなかった宅子おばあさまの心と、三十年も善光寺に惹かれ続ける高倉健。二人の間に、鮮やかに「血」の絆を感じ取った時、高倉健はすべてを了解した。


理屈ではなく、祖先の霊とぼくの魂とが呼び合っていたのかもしれない。宅子おばあさんとぼくが、善光寺を通して結ばれていたのだ。


ご先祖のおばあさまも善光寺にこだわり、現代の高倉健も善光寺にこだわる。もしも二人の魂の呼び合える場がこの世にあるとしたら、それは善光寺以外にはありえない。

高倉家に伝わる家系図は北条篤時《あつとき》から始まっているという。篤時は鎌倉幕府の最後の執権北条高時に仕え、幕府滅亡の時、高時とともに自刃して果てた。正慶二年、一三三三年のことだった。それから時は流れ、もはや何世紀もの過去となりながら、高倉健は、鎌倉の篤時の自刃跡に立つと体からボワーと何かを発するという。悲しみとも怒りともつかない何かを。

それほどにも「血」の絆を感じるのが高倉健という人だった。

篤時の子は鎌倉から逃れて、ついに安住の地を九州に見いだした。その歴史の先に宅子が生きて、そのまた先に高倉健がいる。そういう「血」につながる二人が善光寺で結ばれていたのだ。

だからこそだった。

だからこそ、高倉健は三十年も善光寺に通い続けずにはいられなかったのだ。

じつは宅子の二度の善光寺参拝は高倉健の錯覚で、宅子は、行きは善光寺に参拝し、帰りは諏訪大社に詣で、そのまま秋葉街道を下っていった。二度でなく一度でも、往復八百里を歩いてまで善光寺を目指した宅子の思いの深さに変わりはない。

節分に過ぎた一年の反省を

節分会の善光寺で、高倉健の心は過去に向かう。

昨年中は有難うございました。こんなに気ままに生きてきて、昨年はまたしかじかの人の心を傷つけてしまいました。反省します。

未来へではなく、過去へ向かう高倉健のまなざし。人は普通、豆とともに鬼を追い出し、福を呼び込み、新しい年の無事を祈るもの。そう思うのだが、高倉健は過ぎてしまった一年を振り返り、反省するという。

節分の豆まきは追儺《ついな》と呼ばれたり、鬼やらい、なやらいと呼ばれたりする。昔の宮廷行事でいえば、追儺は大晦日の行事で、悪疫《あくえき》などを追い払って、明日からの新しい年を迎える今年最後の行事である。民間の鬼やらいは、大晦日ではなく二月の節分に行われるが、節分の翌日は立春、新しい春の季節が始まる。

宮廷行事でも、民間でも、どちらも節分は終わっていく年の、終わっていく季節の、最後の日。この日に「昨年中は」と挨拶し、過ぎ去った一年の加護を感謝する高倉健の祈りは、本当は、節分に最もふさわしい祈り方だったのだ。

過去に向かう高倉健のまなざしと、やはり過去に向かい亡き魂に呼びかけていたご先祖宅子さん。宅子さんも善光寺で亡き父母亡き子へ一生懸命に呼びかけた人だったのだ。そんな二人の思いが、善光寺で交錯し、呼び合う。まるでドラマのような劇的設定ではないか。

二〇一四年　高倉健のサイン

万障繰り合わせてのこだわりに、三十回で区切りをつけた高倉健。これから先は、心の流れに任せ、自然体であろうと、一年休んで、平成三年、三十一回目の美しい夜と雪との善光寺で、エッセイは終わる。

それからの高倉健、善光寺に来ていたのだろうか。確かなことはわからぬままに、ある日、友からの知らせで、善光寺近くのそば処　北野家本店に行ってみた。

確かに高倉健のサイン入りの写真が飾ってあった。「なにが美味しいですか」と寄ってくれた健さんが、後日、送ってきてくれたものだという。

日付けは「二〇一四年二月二日」、明日は節分という日に高倉健は来ていたのだ。店に

善光寺門前のそば処 北野家本店に飾られた高倉健のサイン。江利チエミの色紙がそっと隣に寄り添う

は、もう一つ高倉健の色紙があり、日付けは「二〇〇〇年二月二日」。

やはり、通い続けていたのか。心の流れに任せ、自然体で。

最後となった高倉健の手記に「往く道は精進にして、忍びて終わり、悔いなし」という厳しい自戒の言葉が記されていた。まるで修行僧のように自分を律して生きた人生の中で、この日だけは、文句なく清々しい気持ちに浸れたという善光寺の節分会。

平成二十六年、二〇一四年の、最後となってしまった年にも、高倉健は来ていたのだ……。

店の方の思いで、高倉健の隣りに、江利チエミの色紙が寄り添うように飾られていた。

二　亡き人に会いたい善光寺で

高倉健のご先祖小田宅子の墓誌

小田家の菩提寺、正覚寺にある小田宅子の墓誌
（守友隆提供）

高倉健に善光寺で呼びかけた江戸時代のご先祖小田宅子さん。

まずは、その宅子おばあさまの墓誌から見ていただきたい。墓誌は人生の核心部分を表すものだから、まず菩提寺正覚寺《しょうがくじ》の墓誌を。

大姉の俗名は宅子、

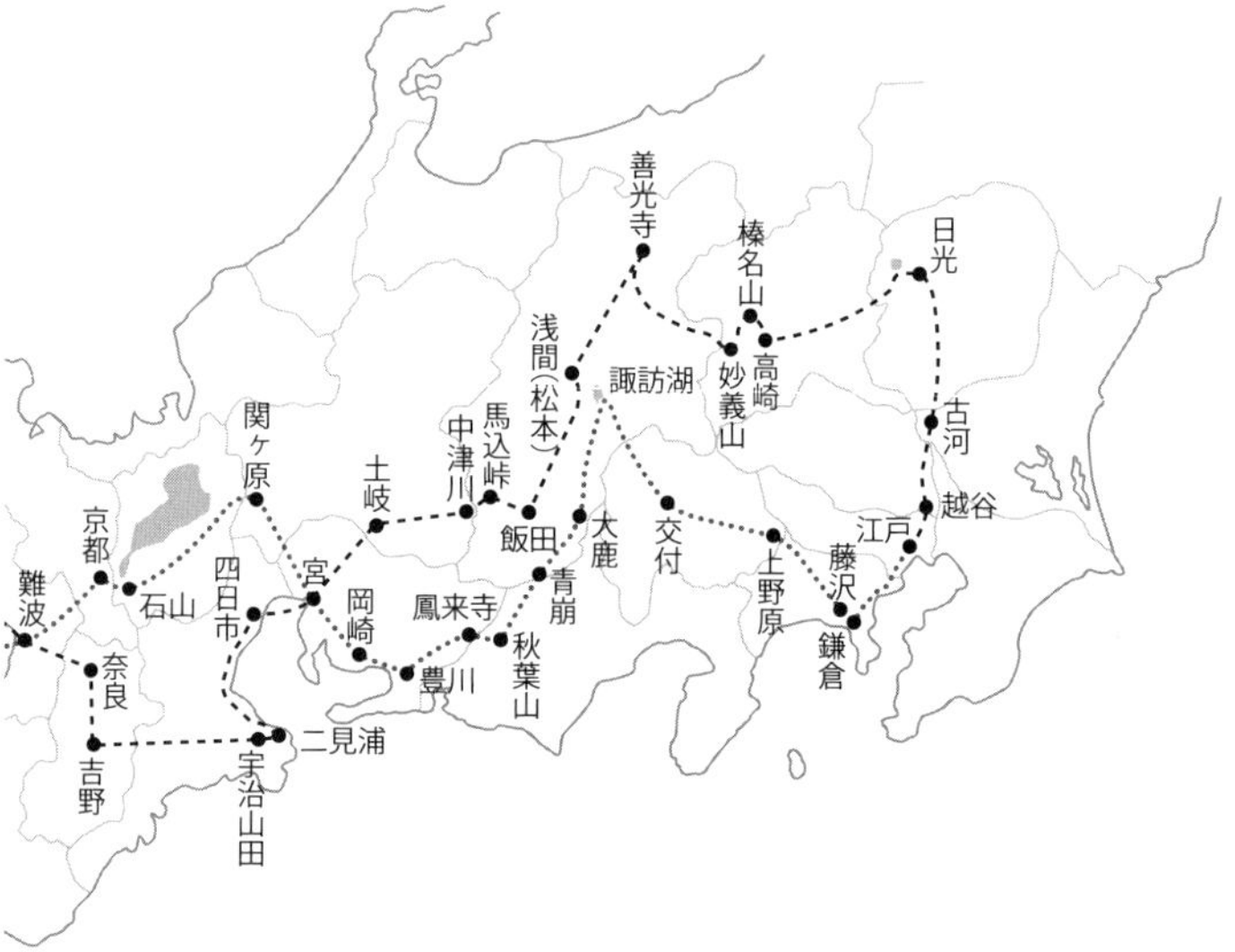

小田宅子が女友達とともに、往復 800 里を 5 カ月かけて歩いた道のり。

小田弥右衛門の女《むすめ》、飯塚の駅太田氏清七義且を養い、之に娶《めあわ》して嗣子《しし》と為《な》す。則ち数子を生む。家益《ますます》富みて二家を為す。少《わか》くして容姿艶麗、而して和歌を能《よ》くす。後、仏乗に帰し、善光寺に詣で、東日《（路）》記を撰す。終身晨昏《しんこん》礼誦怠る無し。明治三年庚午二月廿九日卒す。享年八十二。

墓誌は墓石の裏面から右面へと漢文で刻まれているが、訓読で紹介させていただいた。この

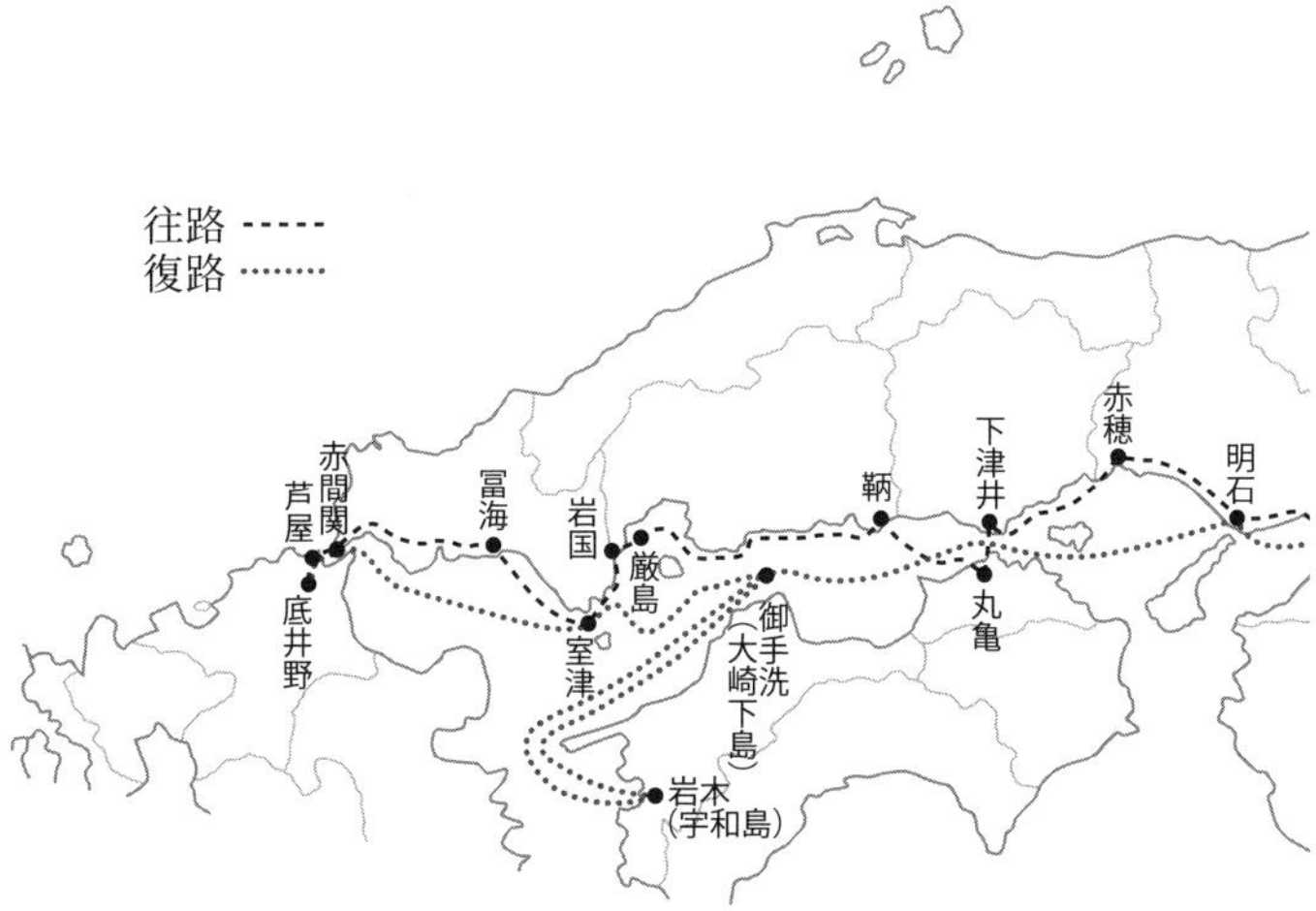

筑前国鞍手郡底井野（現福岡県中間市）から伊勢神宮を経て善光寺に詣で、日光、鎌倉をまわって帰路についた

中で、出会いの寺善光寺として一番大事に思われるのは、少々口語訳すれば「後、仏教に帰依し、善光寺に詣で、東路日記を書いた」という部分。

　善光寺近くに暮らす人ならば、善光寺に帰依したといっても何の不思議もないが、宅子は筑前国鞍手《くらて》郡底井《そこい》野《の》の人。現在の中間市上底井野、福岡県の人なのだ。あまりにも遠いのである。

　その彼女が十八の時に生まれた弟の成人を待って、代々の両替商「小松屋」は弟に譲り、自分たち夫婦は新たに醤油醸造業を営んでこちらも繁盛させた。それで「二家を為す」といわれるのだが、その彼女が人生後半に仏教に帰依し、朝夕、怠ることなく礼拝念仏し、五十三歳の時に善光寺に詣でた。それを人生の特記すべきこととして選び、墓誌に刻みつけた。この選択に注目していただきたい。

旅をといっても今の旅ではない。江戸時代の旅は瀬戸内海のような海路以外はすべて歩くのだということをイメージしていただきたい。宅子を含めて四人の女友達が、供の男三人を護衛兼荷物運びに連れて、往復八百里、三千二百キロもの旅をした。その姿をイメージしていただきたい。毎日毎日、二十キロ三十キロと歩くのである。

女四人の初めの目的は伊勢詣りだった。無事にそれを果たした時、さて筑前に帰ろうか、せっかくだからもっと先まで行こうか。一日一夜、思案の末に善光寺を目指したのである。もちろん通行手形は伊勢までのものしかなかったはずで、木曽福島の関所を避けて、妻籠から飯田へ難路の山道を抜け、善光寺からさらに日光、江戸、鎌倉と足を伸ばしたから、碓氷の関所も箱根の関所も避けて苦しい山越えをしての総計八百里。旅は五カ月もかかった。その途中途中で出会う神社仏閣は、難波も奈良も江戸も京都もと、いわばすべて参拝し尽くしてきた宅子である。

墓誌に選ぶ言葉は、最初の旅の目的地、伊勢に参拝し、でも良かったはずなのに、宅子は寺を選んだ。寺もまた数々ある。京都にも奈良にも名だたる寺はいくらでもある。だが、ただ一つだけの寺として宅子は善光寺を選んだ。それが宅子の墓誌が語ること。

その重さを感じ取っていただきたい。

善光寺でだけの特別の祈り

ではなぜ、善光寺が、特別なただ一つの寺だったのか。

ただ一つだけの寺として、なぜ、善光寺を選んだのか。

私は宅子が善光寺でだけ祈った祈りに注目している。宅子には善光寺でしか祈らなかった特別の祈りがあった。

それは、亡き父母に、亡き子に会いたいという願い。

宅子はもともと家族への愛が人一倍強い女性で、この長旅に出る時も、まずは親のおかげだと思い、子守の神のいらっしゃる吉野に再び参詣できると喜んだ人だった。

だが、どんなに大切なかけがえのない親や子であっても、亡き人に会うことはかなわない。それはもちろん承知しているのだが、八百里の旅の中で、ただ一度だけ、宅子が、会いたいと呼びかけた寺がある。呼びかけることができた寺があった。それが他ならぬ善光寺だったのだ。

これは宅子が善光寺以外の寺で祈らなかったという意味ではない。どの寺に詣でても熱心に参拝しているが、亡き親に会いたいという願いだけは、ただ一つ善光寺でだけ祈った特別の願いだった。

ありがたいことに、宅子はその思いを『東路日記』（前田淑編『近世女人の旅日記集』所収）に克明に書き残してくれた。もともと宅子は、本居宣長の流れをくむ国学者伊藤常《つね》足《たり》の学習グループに参加していて、古典や和歌を習い、五カ月の旅日記を克明に書き上げる力があった。心の思いは、和歌という形で旅日記の要所にはめこむ力があった。

善光寺の二泊三日も、思いは九首の歌となり、そのうち三首に、亡き親や亡き子に会いたいという特別な感情があふれている。

亡き父母や亡き子に会いたい歌三首

宅子が善光寺に到着したのは天保十二年、一八四一年三月二十六日の夕暮れだった。その日は、難波の御難をくぐり抜けた御仏への感動を胸に、筑前国の坊と定まっていた野村坊に泊まった。

翌朝、六時頃本堂に詣でると、すでに四十六坊すべての参詣者が集まり、誦経ももはや半ば。「やがて開帳という事がはじまる」と宅子は日記にいう。それが終わると、願う人には家のための供養をしてくれるという。こういってくれる寺は『東路日記』の中では初めてで、宅子はもちろん小田家の供養を願い出て、「亡霊《なきたま》」であるたらちねの父母のために、灯火《ともしび》を捧げた。大きな暗い本堂に赤々とともる灯火、その光の中に、宅子は父と母との面影を見たいと思う。切々たる思いにあふれながら。

これが宅子の一首目の歌。

たらちねのために手向くる灯火《ともしび》のうちにも見まく欲しき面影

(親のために手向ける灯火の光の中に見たいと思う、親の面影を)

それから戒壇巡りがあり、お経を唱えながら三度巡って、いったん宿坊にもどり、夜のお籠《こも》りを待った。

二首目は、本堂で夜のお籠りをした時に生まれた歌で、当時は、大勢の人と一緒に、一晩中、お経を唱えながら本堂でお籠もりをするものだった。大勢の人々の読経の声はいつか一つになって、暗い夜の本堂に満ちていく。宅子は泣きながら、亡き父母《ちちはは》の名を、亡き子の名を呼んでいた。宅子のこの声を、父も母も子も聞いてくれているのではないか。そう思えて、うれしくて、そこに生まれたのがこの歌。

聞くらんと思へばうれし亡き親も亡き子も泣きてとなへける名を
（聞いているだろうと思うとうれしい、亡き親も亡き子も、
私が泣きながら唱える名前を）

三首目も同じ夜のお籠りの時の歌で、さらに夜は更けていく。午前二時にもなる頃、あちこちで声立てて泣く者がいる。泣くなといさめる者もある。宅子も胸がいっぱいになって、亡くなった親や子の姿が、きっと目に見えるのではないかと思えてくる。こんなにもみんなが、お経を唱えながら、会いたい会いたいと嘆くのだからという思いが、歌になってあふれた。

亡き玉《たま》の目にも見ゆらんみな人の御法《みのり》の声に添へて嘆けば
（亡き霊《たま》の姿が目にも見えるのではないか、
人々がみな、お経の声とともに嘆くのだから）

これら三首には、亡き人を思う切々たる思いがあふれている。宅子は、一生懸命に、亡き親や亡き子を感じたいと思い、亡き親や子に宅子の声が聞こえるのではないかと思い、宅子の目に亡き人が、大切な父母や子が見えるのではないかと思う。

まるで自分のそば近くに、亡き人がいるかのようなこの感覚。

亡き人に呼びかけることができたのもうれしいし、呼びかけを感じてくれているのではないかと思えるのもうれしい。そんな体験を感じられたからこそ、そして善光寺以外ではこんなふうに亡き人に呼びかけられなかったからこそ、善光寺は宅子にとって特別な出会いの寺になる。

不思議ではあるが、善光寺以外では亡き人をこんなに身近に感じることはできていないのだ。

亡き人は菩提寺で思うものではないか

でもやはり不思議なのは、亡き人に会いたいと思う時、普通、菩提寺に行くものではないのだろうか。

宅子も帰り道の京都で、菩提寺の総本山、西山光明寺を訪ねている。光明寺は京都から三里ほど南に行った長岡京の粟生にある名刹で、法然上人の霊廟がある。

折良く光明寺のご開帳に出会えて、宅子は経や陀羅尼《だらに》の説教にも心を打たれ、来世はきっと極楽の花のうてなにと思う気持ちを深々と動かされている。菩提寺の総本山はやはり思いもひとしおで、境内をあちらこちらと見て回り、お霊屋に参拝しようと思えば案内してくれる人もあり、釈迦堂にも詣でと満ち足りた穏やかな時が流れていった。そして生まれた五首の歌はすべて、ひたすらに阿弥陀におすがりし、来世はどうぞ極楽へと真摯に祈る歌ばかりなのだ。では、そのうち三首を。

行く末の花のうてなを頼むかな露のこの身の置き処とて

(来世は極楽の蓮花の台《うてな》に迎えられたいとおすがりする、露のようにはかない我が身の落ち着き所として)

立迷ふこゝろの雲も今日晴れてさながら月を見る心地する
(煩悩に迷う心の雲も、今日、光明寺に参拝できて晴れあがり、
まるで美しい月のような真理に出会えた気がする)
もらさじの誓ひ頼まん草におく露のこの身の罪おもくとも
(すべて漏らさず救って下さるという阿弥陀の誓願におすがりしよう、
露のようにはかない我が身の罪は重くとも)

菩提寺でこそ亡き人に呼びかけるというイメージが私には強いのだが、宅子は亡き魂との出会いを、総本山では一度も思わなかった。願うことはただただ来世をどうぞ阿弥陀の極楽へ、御仏におすがりしてということばかり。その一筋の願いを、お説教を聞いても思い、お霊屋に詣でても思い、玉垣に彫られたお経を見ても思う。

じつは来世を極楽へという願いは善光寺でも宅子が願った祈りだった。次の歌を見ていただきたい。どちらも善光寺で歌われた宅子の歌で、どちらも総本山で祈ったと同じように、来世の極楽往生を願っている。

もらさじの弥陀の誓ひにまかせてん露のこの身の罪おもくとも
けふといへばのりの教へをしをりにて弥陀の御国の慕はるゝかな
（善光寺本堂に詣でた今日こそ、仏様の教えを道しるべとして、
阿弥陀の浄土へ行きたいと思う）

来世はどうぞ阿弥陀の浄土へという祈りは、総本山ではひたすらに願い、善光寺でもまったく同じようにどうぞと祈る宅子がいる。

けれども、亡き魂に会いたいという思いは、なぜか総本山では祈らず、善光寺でだけ祈る。

なぜなのか。なぜ善光寺だけなのか。なぜ総本山で祈らないのか。宅子はまったく語っていない。私には不思議なのに、宅子はちっとも不思議には思わない。亡き魂と出会いたいなら善光寺。来世は極楽往生へと願うなら総本山はもちろんのこと、善光寺でも阿弥陀如来におすがりしてと。

宅子は満ち足りた思いで総本山の一日を過ごしていた。

二つの三十三間堂

宅子が亡き親の姿を探し求めた場所がもう一つ、善光寺の他にあった。それは三十三間堂。三十三間堂は江戸にもあり京都にもあり、そのどちらもで宅子は親の姿を探している。が、どちらも落胆だった。

小田宅子の生家跡に建つ碑。墓誌のさわりの部分が刻まれている（守友隆提供）

江戸深川、八幡宮の東の三十三間堂に探しに行った時の歌が、

筑紫《つくし》より東の寺に参つれど親には似たる仏だになし

（筑紫国から東の寺に参ったけれど、親にそっくりは

むろんのこと、似た仏さえなかった)

京都の三十三間堂では、

立ちよりて再び見れどふた親に似たる仏もなき世なりけり
(立ち寄ってもう一度見たけれども、二親に似た仏もない憂き世であった)

観世音菩薩は衆生の七難を救うために三十三の姿を現すと説かれ、三十三間堂には数多くの観音像がまつられている。そこに行けば親に似た観音菩薩に会えるという話は今もいう人がいる。宅子も同じ思いで、江戸深川の三十三間堂に行き、京都の三十三間堂にはもう一度行ってみたが、親に似かよった仏にさえ出会うことはできなかった。

もしや亡き親に会えるかと聞けば、江戸でも京都でも捜しに行こうという宅子なのだ。宅子という人はこれほどにも会いたかった人なのだ。

こういう宅子を思い、そして三十三間堂の落胆を思えば、その向こうに、あらためて宅子にとっての善光寺の大切さが浮かび上がってくる。善光寺のお籠りでは、あれほど身に

小田宅子夫妻の肖像（冨田吉子撮影、北九州市立自然史・歴史博物館提供）

近く亡き親や亡き子を感じられたのであったから。

「仏乗に帰し、善光寺に詣で、東日記を撰す」という宅子の墓誌。宅子にとってただ一つ、寺を選ぶとしたら、亡き人を身近に感じられる寺をだったのだ。だから墓誌に残すのは善光寺。

宅子が大切にした親や子という存在、それから百数十年後に高倉健が生まれ、宅子と同じ善光寺に惹かれ続けていたのだ。

宅子夫妻の肖像画が小田家に伝わっている。代々、子孫の方が所蔵され、現在は北九州市立自然史・歴史博物館に寄託されている。安政五年以前に描かれたもので、宅子の先生である伊藤常足の賛がある。画家は式田春蟻。穏やかに年を重ねたご夫婦の様子にはやさしさと気品が漂っている。心なしであろうか、夫の清七さん、美しき妻に向かえば、自ずから笑みがこぼれという雰囲気である。

田辺聖子さんもこの画幅を、当時のご当主小田満二さんに見せていただいている。『姥ざかり花の旅笠――小田宅子の「東路日記」』（集英社）の取材で、宅子の暮らした底井野を訪ねた折りのことで、案内は高倉健の従兄の日高康さんにしていただいている。

日高さんはご先祖宅子の『東路日記』を愛読し、八百里の旅の日付と宿の名を書き出し、訪ね歩く旅をしていらっしゃる。「松本の浅間温泉はいいね、当時の建物が残っている」とおっしゃり、信州には同じように営業し続けている宿が八軒もあったと喜んでおられた。善光寺を参拝した高倉健さんからお札を送ってもらったお一人でもある。

ちなみに、旅仲間女四人組のうち名前がわかっているのは小田宅子と桑原久子。久子も『二荒詣日記《ふたらもうでにっき》』（前田淑編『近世福岡地方女流文芸集』所収）を残しているが、久子の善光寺は、賑わう善光寺を詠んだ歌が一首だけ。久子は極楽往生の願いも歌に残さず、若くして亡くなった夫がいるが、善光寺で亡き夫に会いたいとは願わなかった。やはり人は人それぞれ。同時代を生きる親友であっても好みは違う。宅子はお酒が好きで、久子は甘党だった。

善光寺のお籠りが持つ力

宅子は総本山光明寺でお籠りをしていない。

一晩泊まってはいるが、それはお籠りではなく、故郷に近い肥前国松浦の人に出会い、意気投合したからだった。その人も和歌が好きで、短冊や色紙もたくさん持っていた。それらを取り出しては見せてくれ、話は尽きず、和歌を互いに詠み合ったりしながら一晩語り明かすことになった。それが総本山の一泊だった。

不思議ではあるが、『東路日記』八百里の旅で、家の供養を望む人はといってくれた寺も、お籠りをしたのも善光寺だけだった。菩提寺の総本山ではそもそもお籠りが話題にも関心事にもならないが、善光寺では当然のこととしてお籠りがある。宅子の歌をみれば、宅子ばかりでなく、大勢の人々がお籠りをし、大勢の人々それぞれに呼びかけたい人がいたことがわかる。

亡き玉《たま》の目にも見ゆらんみな人の御法《みのり》の声に添へて嘆けば

「みな人」はみんな、お籠りをしているみんなに、呼びかけたい人がいた。感極まって泣く者もいる。なだめる者もいる。もしも夜の本堂でのお籠りが許されていなかったら、これほど切々と嘆きもしないし、呼びかけもしなかったであろう。お籠りは宅子にとっても、大勢の人々にとっても、まことに大切な夜だった。そして善光寺は誰でもいつでもお籠りをしたい人にはどうぞと門戸を開いていてくれる寺だった。そしてどうやらそれは珍しい事であったようなのだ。

諸九尼のお籠り

善光寺の内陣が広い畳敷きなのはお籠りの人のためだったというが、宅子よりも七十年も早く、心を込めてお籠りをした女俳諧師がいる。諸九尼という人で、明和八年、一七七一年八月の二十二、二十三日の二晩、善光寺本堂で念仏を唱えながら夜を明かした。『秋風記』（『湖白庵諸九尼全集』所収）に書き残している。

諸九尼は京都の岡崎に暮らす人で、松尾芭蕉の『奥の細道』を訪ねたくて松島まで行き、途中で命も危ういほどの病気をしながら、それでもどうしてもと善光寺を目指した。だから、たどり着けたことが奇跡のようで、仏のお導きとしか思えず、まずは本堂の下の戒壇を念仏を唱えながら巡り、夜は夜で、本堂で念仏を唱えながら明かした。午前四時頃に読経が始まり、ご本尊の扉が開き、錦の御帳に灯明が照り映えて、二十五菩薩も来迎なさるのではないかと感動。この夜だけは都の事もみな忘れ、ただ一筋に後の世の事を祈り続けていた。

すみわたる心や西へ行《いく》月も

（澄み渡る心は西方浄土に向かい、
月もまた澄み渡る空を西をめざして行くことよ）

一晩のつもりだったが、感動のあまり、年でもあり、また来ることも難しいともう一晩お籠りをして、ひたすらに来世のことを祈った。

たぶん諸九尼は最愛の亡き夫と同じ浄土へ迎え取られたいと祈っていたと思う。

二人が出会った時、彼女はすでに結婚していたが、すべてを捨てて駆け落ちした。どれほど親や姉妹やに迷惑をかけることになるか。承知しながらそれでも家を捨てたのだ。夫は、夫婦としてだけでなく、俳諧という文学の魅力を教えてくれた師匠であり、女俳諧師になり得るまでの力量に育て上げてくれたかけがえのない恩人だった。

もしも、善光寺本堂で通夜すれば、大切な亡き人に会えると耳にしていたら、諸九尼は絶対に亡き夫に呼びかけていたと思う。亡き夫と来世で一緒になれるよう願うだけでなく、この世の善光寺で会えたと思える瞬間を持てたなら、どれほど幸せであっただろうか。

もう十三年、彼女が遅く善光寺に来ていれば、大勢の参拝者が亡き人に会いたくてお籠りをする姿に出会えたのだが。わずかに彼女は早すぎた。

橘南谿《たちばななんけい》　本堂で亡き人に逢う

女俳諧師の諸九尼がひたすらに祈った善光寺のお籠りから十三年の時が流れ、天明四年、一七八四年、橘南谿が善光寺本堂で通夜をしていた。

南谿は本名を宮川春暉という漢方医で、薬草の研究や医業修行のために全国各地を旅して歩き、『東遊記』『西遊記』などの紀行文を残した旅行家でもあった。

善光寺の体験記は『東遊記』の中にある「善光寺」。「信州善光寺は別格の霊場なれば」という南谿。諸国からの参詣人の多さや堂塔の広大さ美麗さを紹介しながら、彼の一番の関心事は善光寺本堂での通夜のこと。親しかった亡き人に再び逢えるといって、毎夜、おびただしい人が通夜する姿だった。南谿自身も、おびただしい人々の一人となって通夜をした。「善光寺」は南谿の体験記なのだ。

南谿はこう書いている。（古文なので口語訳で）

善光寺に参って、本堂に通夜すれば、自分の親しくした死んでしまった人にも再び逢えるといって、毎夜おびただしい通夜人がある。自分も参って通夜したが、まことに広い本堂に参るので、はなはだ物静かで、灯明の光も細々と人の顔もはっきりとは見えない。念仏の声がかすかに聞こえまことに殊勝である。初めのうちは人も少なく淋しいが、八時を過ぎ、十時にもなり、真夜中に及ぶ頃には、いつともなくだんだんに人が多くなり百数十人に及ぶ。これを亡者が参るのだという。

さて、午前二時を過ぎる頃に、毎夜、如来の開帳がある。寺の僧がはるかの脇から糸を引いて戸張を開く。しばらくして閉じる。夜は更けた。灯火の光はほの暗い。人は静かである。堂は広い。はなはだ幽寂（奥深くひっそり）でまたとなく尊い。この時、信心の人で涙を流さない者はない。自分もいろいろな寺院に参詣したが、ここに勝るものはない。毎夜このように、誰々が参詣するということもないが、如来の開帳の時刻にはいつでも堂に満ちる参詣があるという。

一晩通して祈り続ける通夜体験。南谿は亡き人に逢えたと言いはしないが、来たはずの人間以上に大勢の人が本堂に満ち満ちる、その感覚を肌で感じ取っていた。真夜中の本堂に百数十人にも及ぶ人々がいると感じ、これほど大勢なのは亡者が来たからにちがいないと感じる感覚である。

「いつともなく段々に人多く成り数十百人に及ぶ」が原文なのだが、いつともなくだんだんに、というのがキイポイントに思える。参拝者ならば、来た足音、衣ずれ、ざわめき、ささやき、咳払い、こうした人の動きに伴う気配が必ずあるものなのに、無いままに、気がつけば百数十人もの参拝者がいる。気配なくして参集する存在こそ、亡者が来た何よりの証拠ではないか。

切に逢いたいと思ってそこにいる人なら、音なくして堂に満ちる気配に、亡者の来訪を感じ取り、慰めを得たのではなかったか。その感覚ならば、わかる気がする。

「毎夜かくのごとく誰々の参詣するといふ事もなけれど、如来開帳の時刻にはいつにても堂に満るの参詣ありとなり」（原文）という表現も、同じ感覚だろうと思う。だれが来た、かれが来たという人の出入りがないのに、如来の開帳の時間にはいつでも堂は人で満ちている。これはやはり亡者が集まってきたと思うしかないではないかという感覚。

切に亡き人に逢いたい人は、亡者が来たのではと思えるだけで、ずいぶんと慰めを感じられたのではなかろうか。わずかな慰めであっても、亡き人に逢いたいならば善光寺へと言われだし、いつか大勢の人が本堂で通夜するようになり、それから五十七年後、高倉健のご先祖小田宅子も、善光寺本堂で切々と亡き親や亡き子に呼びかけることになる。

宅子は『東遊記』を読んでいたのであろうか。『東遊記』はロングセラーであったというのだが。

娘は二十六歳で逝った

善光寺で大切な亡き人と出会えると思えたなら、かけがえのない者を失った悲しみはどんなに救われることだろう。

時代はずいぶん下り、昭和十五年のことである。茨城県に暮らす母が娘に死なれた時、善光寺に行きたいとしきりに願った話が残っている。

この話を『善光寺まいり』に書き残したのは息子の五来重《ごらいしげる》氏、宗教学者、宗教民俗学者である。

この暗闇《くらやみ》（善光寺戒壇の闇　筆者註）のなかで死んだ肉親に会えると言われた。それは半信半疑ながらも肉親の死に会った人の一つの慰めで、私の母も妹が死んだ時しきりに善光寺詣りに行きたがった。（中略）

肉親を失った悲しみは、その当事者でなければわからない。そのいやしがたい悲しみを和らげる霊場として善光寺も高野山もあったが、善光寺では回（戒）壇巡りの暗闇のなかで死者に会えると言われた。それは、事実は死者に恋い焦がれた者の幻想であったかもしれない。私も戦時中に妹が病死した時、看病に疲れた母が、善光寺で妹にもう一度会いたいというのを連れて行けなかったことは、生涯の痛恨事としてのこっている。（『善光寺まいり』）

この母の住む茨城県はもちろんのこと、関東一円の農山漁村で、死者の霊魂は枕飯《まくらめし》の炊ける間に善光寺詣りをしてくるという言い伝えがあったという。枕飯は亡くなった人の枕元に供える盛り切りの飯で、ふだんのカマドとは別に、臨時のカマドをこしらえて、蓋《ふた》をせずに炊き、炊きあがればすべてを茶碗にもって供えるという。そして死者は枕飯を炊いている間に善光寺参りをしてくると信じられていたという。

五来氏の茨城では善光寺和讃もいつも耳にしていたという。

身はここに　心は信濃の善光寺
　救はせたまへ　弥陀の浄土へ　（善光寺和讃）

善光寺和讃がいうのは、身体は亡くなった故郷にあるけれども、心（魂）は、信濃の国善光寺の如来様のもとに行っている、ですからどうぞ、お救い下さい、阿弥陀様の浄土へ、という信仰。

母は善光寺和讃に親しみ、枕飯の言い伝えも聞いていた。死んだ娘は故郷のここに埋葬されたけれども、娘の魂は善光寺如来のそばにいる。それならば、善光寺に行けば、もう一度、娘に会えるのではないかと痛切に思った。娘はまだ二十六歳、あまりにも若く、肺結核で命を落とした。看病のかいなく娘を失った母はあきらめきれず、悲しみはいやしがたく、善光寺に行きたい、そこで、もう一度会いたいと願う。

何を置いても連れて行ってあげるべきだったのに、五来氏は連れて行けなかったという。善光寺の戒壇に行かれれば、ああ娘は、この暗闇を通って浄土へと救い取られていったのかと、母は思えたかもしれない。娘を、今一度、感じることができたかもしれない。もし、そうできたなら、母は救われたであろうのに。息子として、確かに生涯の痛恨事である。

昭和十五年の、茨城県の母の話である。

島木赤彦　息子の位牌を抱いて

島木赤彦は長男の政彦を十七歳で失い、息子の位牌を胸に、厳冬期の諏訪から善光寺までやってきた。大正七年二月四日、我が子の四十九日の日だった。

おのが子の戒名もちて雪ふかき信濃の山の寺に来にけり

（「善光寺一」（『氷魚』の大正七年の項）

のぼり行く坂のなかばより山門の雪の屋根見ゆ星空の下に

（「善光寺一」同右）

雪あれの風にかじけたる手を入るる懐《ふところ》の中に木の位牌あり

（「其二」同右）

言《こと》にいでて言ふはたやすし直照《ひたて》りに照る雪の上に我ひとりなる

（「其二」同右）

子に先立たれるほど悲しいことはない。赤彦はその悲しみとともに、位牌となってしまった我が子を胸に抱いて善光寺の坂を登ってきた。その日の思いが「善光寺一」と「其二」に七首ずつ詠まれ、そのうちの二首ずつが右記のもの。

亡くなった政彦は初めの妻のうたが残した忘れ形見であった。短歌の才能があると斎藤茂吉が褒めた聡明な子であったというが、幼い頃から目をわずらい、失明の恐れもあり、東京まで治療に連れて行ったこともある。大正六年十一月、目ではなく蓄膿症の手術のために東京に行き、手術での大量出血が体力を奪ったのか、盲腸炎を起こし、腹膜炎を併発。

十二月十八日、東京の小石川病院で急逝した。

生母のうたは心根の優しい聡明な女性で、実に良い方といわれもし、赤彦も真から惚れた妻であったという。二人目の子を生後十七日で亡くし、翌年、赤ん坊の後を追うように亡くなっていた。政彦は短い生涯だったうたの忘れ形見だったから、政彦の死は、同時にうたとの絆のすべてを失う辛さだった。

言《こと》にいでて言ふはたやすし　直照《ひたて》りに照る雪の上に　我ひとりなる

この孤独感。太陽の直射が痛いほど照りつける雪の上に、たった一人の自分を噛《か》みしめる赤彦の喪失感があふれる。雪は白く、直射は強く、赤彦は一人黒々とした影を落とす。悲しみと孤独があぶり出されてくるようだ。

現在の話に飛ぶが、善光寺の近くに生まれ育った方は、葬儀が終わった後、菩提寺の墓に埋骨する前に、善光寺でお骨あげ（骨開帳）ということをしてもらうという。新仏が善光寺如来の導きで成仏できるよう、お骨や写真などを持って行って、善光寺でお経をあげてもらうとのこと。

またある方は、初七日から四十九日の間に、白木の骨箱に収めた遺骨を白木の位牌とともに善光寺に持って行き、本堂内で法要した後、骨箱と位牌を抱いて帰るのだという。

島木赤彦が政彦の位牌を抱いて、はるばる諏訪から善光寺へ来たのも、この方々と共通する思いからだったのだろう。

大正時代に活躍したアララギ派の歌人、島木赤彦は明治 31 年に最初の妻、うたと結婚した（下諏訪町立諏訪湖博物館・赤彦記念館所蔵）

けれども、もしも赤彦が、高倉健のご先祖小田宅子のように、善光寺でなら亡き魂を身近に感じられると思える人だったなら、悲しみも少しは和らいでいったのではなかったか。遠く善光寺まで位牌を抱いてきただけにそう思えてならないのだ。

赤彦はうたとの縁も薄く、うたが生んでくれた子との縁も薄く、大正六年の歌にこのような一首がある。

これの世に縁《えにし》はなしと思ふ子の頻《しき》りにかなしみ仏のあかり

（この世での縁はないと思う子のことがしきりに悲しい

善光寺の御仏の灯りの前で）

（「善光寺」（『氷魚』の大正六年の項）

この歌は、前後の歌の情景からいって大正六年七月頃の杏が熟すころの歌。長野の善光寺での歌と思うが、あるいは東京小石川善光寺であったかもしれない。赤彦はそのころ小石川近辺に住み「アララギ」の編集、経営に専念しつつ、信濃教育会の機関誌「信濃教育」編集のために毎月長野へ往復してもいた。

赤彦が大正六年の夏に、この世での縁のない親子だったと御仏の灯りの前で嘆くとしたら、この子は十六年前、生後十七日で亡くなった娘のたけのことになろう。あまりにも短い親子の縁を嘆いた赤彦は、それから半年もたたぬうちに、さらにまた、長男の政彦を失った。

小田宅子も子どもを亡くした母であったが、彼女は善光寺の夜のお籠りで、亡き子に呼びかけることができた。

　　聞くらんと思へばうれし亡き親も亡き子も泣きてとなへける名を

呼びかける声を亡き子も聞いているのではないかと、ほんの一瞬にしろ宅子は思うことができたが、もしも赤彦も、宅子と同じように子どもに呼びかけ、子が聞いていると思えたならば、善光寺本堂に立つ赤彦の悲しみもいくらかは和らげられたのではないだろうか。

三　精霊が集まる戒壇の闇

高濱虚子の「善光寺詣」　霊と僧　戒壇の闇で出会う

高濱虚子に「善光寺詣《もうで》」という新作能がある。

舞台は善光寺の戒壇である。

能の創作は、室町時代の世阿弥を中心とした前後五世代、約二百年でほぼ終わり、これが今日の五流の現行曲として上演され続けている。江戸期にもわずかながら新作が作られたが、普通、新作能と言われるのは明治以降に創作された能をいう。

その口火を切ったのが高濱虚子であった。

虚子は俳句集団『ホトトギス』を全国規模の押しも押されもせぬ大結社に育て上げた主宰者だったが、若い頃から謡いにも親しんでいた。一時は夏目漱石も虚子と一緒に同じ師匠に謡いを習っていたこともある。漱石はあまりうまくはなれなかったが、虚子は鎌倉に能楽堂をたてるほど力を入れて、新作能の書き下ろしも本になっている。

「善光寺詣」はその一つで、千年の幽冥の境にさまよう亡霊を主人公とし、その苦悩と救いとを描こうとする夢幻能である。夢幻能は、この世ならぬ者と、この世の者が出会い、この世ならぬ者が自分の生前の苦しみを訴える展開が多い。この世ならぬ者は亡霊、神、木や草の精といったもので、この世の者は旅の僧が圧倒的。

が、さて、大正五年という時代に、さまよう霊と、旅する僧を出会わせるとしたら、日

俳句結社ホトトギスの主宰者、高濱虚子。昭和 19 年には戦火を避けて、長野県小諸市に疎開していた（Photo koyama komoro、小諸高浜虚子記念館所蔵）

本のどこが最もふさわしい場所なのか。どこならば観客の納得を得られるのだろうか。その出会いの場に、虚子は、善光寺の戒壇の闇を選んだ。

では、「善光寺詣」をあらすじで。

幕があがると、まずはワキをつとめる旅の僧が登場し、「是《これ》は諸国一見の僧にて候」と名乗る。僧は、全国の寺を訪ねまわり、この度は善光寺に参拝したいと思い立ち、月の光を踏みながら、ただいま善光寺に到着したと自己紹介をする。

そして、かねてから耳にしていた暗穴道《あんけつどう》（善光寺の戒壇）へ参りたいと、土地の者に案内をたのみ、ご本尊の後にある暗穴道へと入っていく。「承り及びたる暗穴道」「あな暗《くら》や。誠に是《これ》ぞ暗穴道。あやめもわかぬ闇のいろ」と謡いながら歩みいる。暗穴道の中央には錠がある。参詣の人は誰もがこの錠に触れる。もし触れなければ極楽往生はかないがたしと土地の者に教わりながら、戒壇の闇をたどっていく。

と、その戒壇の闇がいちだんと深い闇へと変わるにつれ、二人の霊が現れてくる。一人は門番の老人（シテ）の霊、一緒に連れ立つのは美しき姫（ツレ）の霊。二人は生前の深い嘆きを旅の僧に訴える。

美しき姫は生前は銀河の城の姫君で、老人は姫をお守りする衛門《えもん》の翁（門番の老人）。老門番は、夜も昼も戟《げき》をにぎって姫君をお守りするうちに、いつか深く姫を愛するようになっていた。姫は、能の「綾鼓《あやのつづみ》」の女御《にょうご》のような、女御を慕う老庭掃きをあざわらう残酷な性格ではなかった。老門番の思いに涙をこぼしてくれる優しい心の姫君で、いつまでも私のために長生きしておくれ、とおっしゃってくれた。

それなのに、その姫を、死の悪鬼が、姫の臥所《ふしど》に押し入って奪い去ろうとする。気付いた老門番は必死に抵抗するが、戟《げき》は折れ、足は萎《な》え、無惨にも姫は死の手に奪われていく。追って行く老門番と、死の国へ連れ去られる姫との間に、生者と死者を隔てる鉄の門が高くそびえ、かたく錠がおろされ、押せども動かず、叩けども応えず。返せや、もどせと、呼べども叫べども応える声はない。老門番は無念の思いに苦しみながら死んでいき、姫を奪われた悲しみの妄執ゆえに成仏できず、いつまでもいつまでも、千年の幽冥の境をさまよっていた。

そして今、戒壇の闇の中に、死の国に連れ去られた姫も、姫を奪われ嘆き死んだ老人も、もろともに旅の僧の前に姿を現し、どうぞ成仏できるように、助けたまえや御僧、「御法《みのり》の光明《あきら》かに、助け給へや御僧《おんそう》」と嘆きつつ、訴えつつ、戒壇の闇に消えていく。

これが虚子の描いた夢幻能「善光寺詣」の世界。

幽冥界をさまよう二人の死者は、生きて旅する僧に、日本のどこよりもふさわしい場所・善光寺戒壇の闇で出会い、無惨にも死の手で引き裂かれ、恨みの妄執ゆえに成仏できずにいた悲しみを訴えることができた。そして仏法と僧との力によって救われ、極楽浄土へ成仏していく。そんな余韻のうちに能は終わる。

あるいは、こう読む方が、より良い読みかもしれない。

二人の霊は、生前、死の悪鬼の暴力で生と死の世界に引き裂かれ、その無念のままに迷っていた。生でもなく、浄土でもない、幽冥の世界で、先に死んだ姫も、後から死んだ老門番も、おそらくは二人別々にさまよい、出会えずにいたのではなかったか。そして今、善光寺の戒壇の闇の中で、やっと二人は出会えたのではなかったか。やっと出会えたからこそ、二人はともに僧の前に現れることができ、救いを願えたのではなかったか。

こういう物語として読めば、善光寺戒壇の、二人の霊と僧との出会いは小さな出会い。姫の霊と老門番の霊が善光寺戒壇で出会えたのは、千年の苦しみを越えた大きな出会い。

こう読む方が、より魅力の深い世界になる。

そんな二重の出会いの物語が、善光寺戒壇の闇の世界で可能となっているのが、高浜虚子の「善光寺詣」。

じつは「善光寺詣」は虚子のゼロからの創作ではなく、原作は『青い鳥』の作者メーテルリンクの戯曲「タンタジールの死」の翻案だった。翻案は翻訳ににているが、翻訳は原作に忠実に、翻案は原作を材料にして思い切って自由に変更していく。

「タンタジールの死」は、翻訳ならば、明治三十五年に大塚楠緒子が訳し、小山内薫の翻訳もある。他にも何人かの翻訳があり、明治から大正にかけてかなり注目された作品だったようだ。

虚子は、小山内の翻訳劇を見たのか、読んだのか、いずれにしても納得できず、「タンタジールの死」は普通の芝居ではなく、能の形で上演した方がずっと良いものになると考えた。そこで忠実な翻訳を捨て、思い切って変形した夢幻能「善光寺詣」に仕立て上げた。鎌倉能楽堂で何度か上演されている。

これは余談だが、大塚楠緒子は美貌の才媛として知られる作家。夫の保治と夏目漱石は学生の頃から親しく、二人の結婚式にも参列している。漱石が楠緒子のことを、俺の理想の美人だよと怪しからぬことを言ったと妻鏡子が『漱石の思い出』に書いている。漱石が

「あるほどの菊抛《な》げ入れよ棺《かん》の中」という追悼句を手向けた女性でもある。

闇を守る　明治十一年のエピソード

明治十一年、明治天皇巡行にこんなエピソードが残っている。

善光寺戒壇は灯りをともしてはいけない場所だという僧と、いや、どうでも灯りをつけろという政府高官の話である。

随行記者の岸田吟香《ぎんこう》が「東京日日新聞」に連載した「御巡幸謹記」（第十二報　明治十一年九月八日）に書かれたその部分を口語訳で。

今夜は善光寺前の通りをはじめ、町々の賑わいは実に並一通りではない。今日、大隈公と井上参議が善光寺を見物に参られて、戒壇堂《かいだんどう》とか怪談堂《かいだんどう》とかいう本堂の下の穴へ入られたが、真暗なので、寺の僧に「燈をともせ」と言われたが、「ここは昔より火はともしません。亡者の来るところでございますので、陽明《ようめい》の地ではありません」と申したが、「何でそのような事があってよいものか」といって、居合わせた長野縣令《けんれい》に命じて火をともさせて見廻られた（「長野」213号　平成12年9月号より孫引き）

「大隈公」「井上参議」というのは大隈重信と井上馨。ともに明治天皇に随行する明治政府の高官である。彼らは、戒壇は亡者の来るところだから、亡き人を尊重して火はともさないという僧の考えを受け付けない。僧が拒むなら、その場に一緒にいた楢崎寛直長野県令（県知事）に命じて、赤々と火をともさせて見て回ったというのである。

文明開化は合理主義と科学文明を推し進めた大きな功績があるが、宗教や習俗には変えてはいけない伝統もあり、それによって保たれる心の平安もある。それでも権力と合理主義のおごりが、「亡者の来るところ」という僧の申し状を受け付けなかった。

しかし一方の善光寺の僧は、戒壇は「亡者《もうじゃ》の来るところ」、明るくしてはいけないという信仰を守り続け、今も守られている。善光寺鏡善坊の前ご住職若麻績修英さんは、戒壇の暗黒は来世の入り口、先祖の霊魂が充満する神聖な場を意味するという。

亡き人に、善光寺でならと出会える。そう思えるためには、善光寺が亡者の来ることのできる空間でなければならない。火を平気でともさせる人間にも、「戒壇堂」じゃない「怪談堂」だと悪ふざけする記者にも、亡き人との出会いは起こらない。

ちなみに随行記者の岸田吟香は、「麗子像」で有名な岸田劉生の父である。

若山牧水《ぼくすい》　お精霊様はお供物に乗って

青春の歌人若山牧水。

「白鳥は哀しからずや空の青海のあをにも染まずただよふ」はあまりにも有名だが、お酒好きには「白玉の歯にしみとほる秋の夜の酒はしづかに飲むべかりけれ」の方が気に入るかもしれない。

その牧水が、先祖の霊がお供物に乗って、善光寺へ帰っていくという話を残している。この風習が伝わるのは牧水の故郷宮崎で、お盆が終わると川に流すお供物に乗ってお精霊様は善光寺に帰ると信じられていたという。牧水はこんなふうに書いている。

私の郷里ではお盆の十六日の朝、仏さまの供物を川へ持って行って流すのを常としているが、その時ごとに母たちからお精霊《しょうりょう》様はこの御供物《おくもつ》に乗って信濃の善光寺へお帰りになるのだぞよとよく言い聞かせられていたので、子供心にも信州信濃の善光寺さまという印象はなか〴〵に深かった。其《その》後東京に出る様になってから帰省した折など、信州に行ったといえば必ず善光寺様へ詣ったかと尋ねられたものであった。初めは正直にいゝえと答えたがあまりに誰からも訊かれるので、とう〴〵行った〳〵と嘘

大正６年、家族や姪とともに写真に収まる若山牧水（沼津牧水会所蔵）

をついていたのであった。

（「南信紀行」『若山牧水全集』第五巻所収　現代仮名遣いに変更）

宮崎県東臼杵郡坪谷《つぼや》村というのが牧水の故郷で、周囲を険しい山に囲まれていた。村から海岸まで一番近いところなら五里（二十キロ）ほどという近さなのだが、周囲が深い険しい山に囲まれているせいで、印象としては海から二十里も三十里も離れた山里だった。

子どもの頃、母に、村の近くの山の頂に連れて行かれて、あれが海だと指さされても、わずかに白く煙ったり光ったりしているだけで、海がどんなものか想像できなかった。それほど、海さえ遠い山奥で、さらにさらに善光寺は遠い。

そんなにも遠い山村に、どうして、お精霊様が善光寺へ帰るという信仰が生まれたものか。善光寺信仰の伝播力に驚くが、母はもちろん、故郷の人々は、お精霊様＝ご先祖様はお盆が終われば善光寺へ帰ると信じ、その思いで、お供物の舟が川の流れを下っていくのを見送っていた。


こうした風習は坪谷村だけなのか、他の地域にもあるものなのか、私は知らないのだが、お盆の供物を川や海に流す風習だけなら、環境問題が云々されない昔は全国各地にあった。

京都のあるお宅は、お盆の十五日はお精霊様が善光寺参りをする日なので、十五日は、白いおこわと奈良漬けを蓮の葉に包んだお弁当を作ってお供えする。お精霊様はそれを持って善光寺詣りをし、昼には家にもどり、十六日の送り盆に帰って行かれるという。

精霊と善光寺との縁の深さを語る坪谷村の人にとって、お供物に乗って善光寺に帰っていくというからには、ご先祖様の常の居場所は善光寺ということになろう。それならば、牧水が信州に行ったと聞けば善光寺にお詣りしたにちがいないと思うわけである。なにしろ、お精霊様のいる善光寺なのだから。故郷の思いが真摯《しんし》であればあるほど、牧水としても「行った、行った」と「嘘」をつかざるを得なくなる。

牧水の「南信紀行」はその「嘘」を「本当」にしようと、大正六年八月、秋田の歌人大会から東京へ帰る途中で、長野に途中下車して、善光寺にちょっと立ち寄った時の様子を書いたもの。

若い牧水には、善光寺でお精霊様を感慨深く思うというような様子は見えないが、それでも、もうもうたる香の煙や、物々しい仏具の立ち並ぶ本堂に、敬虔な思いをそそられている。

その日、善光寺本堂は土砂降りの夕立に襲われていた。やっと降った、待望の雨だ、これで秋の稔りも大丈夫だといった喜びの声がきこえてくる。牧水は雨男なのだ。やがて、夕暮れの空に美しい大きな虹が出た。

故郷の人々のお精霊様への思いがなければ、牧水は永遠に善光寺へ寄らなかったかもしれない。故郷人の思いがあればこその牧水の善光寺だった。それにしても、明治の高官にあらがって闇を守った善光寺でなかったならば、明治のどこかで、高濱虚子の千年の霊も、坪谷村のお精霊様も、居場所を失う危機に陥っていたかもしれない。

三界万霊が集まる善光寺信仰

闇を尊重する善光寺の「御越年式」は十二月に行われる非公開の秘儀で、灯りのない闇と無音の世界なのだという。

この御越年式の様子は、善光寺鏡善坊の前ご住職若麻績修英さんのホームページに詳しい。

古来からの秘事である御越年式は、第二申《さる》の日の夜から翌早朝にかけておこなわれる。これに先だって、十二月朔日のお注連張りから、御越年式にかかわる堂童子の実質的な行事が始まり、神酒備え、仏名会、お松はやし、お竈祈祷、おからこ搗きと大切な行事を重ねて、御越年式を迎えるものなのだという。

そして迎えた第二申の日、堂童子は坊の玄関で清めの切り火を行い、つるべ燈明の明かりを先導に、しかるべき場で祈念しつつ、御越年式が行われる御供所に至る。この時、本堂内外の灯火はすべて消されることになっているという。

古来からの極秘の行事といわれる御越年式の様子は、じつは読んでも読んでも分からない。まことに古来からの秘儀である。その世界に身を置かない者にとっては、ホームページの丁寧な説明にもかかわらず、不思議にわからない。

ただ、古来からのまことに大切な秘儀であること、本堂内外の燈火は一切消されることになっている闇の中の行事であること、わずかに本尊の前の油燈を残し、堂童子脇の蝋燭一本のみで、行事は、名香を薫じながら極秘に無言のうちに行われるという。闇と無言の世界であることは良くわかる。それだけ厳重な大切な行事であるのだ。

そして、一切秘伝により執り行われる御供所での秘事の後、一同が本堂に向かい、ご本尊の如来に、神酒と、おからこ二つ、ねねつぶ五粒、煎豆十粒ぐらいに、御飯少々を盛ってお供えする。やがて午前二時半にもなろうというころに、本堂を出て、まず東の境内の境に至り、物の上や草むらまたは雪の下に、おからこ、ねねつぶ、御飯、煎豆を隠し供えて祈念を行う。順次、南、西、北の境に同じように供えて、東西南北の四方の固めが行われる。

善光寺のホームページにも「境内東西南北での四門固《しもんがた》めが行われ」とあり、すべての行事が無事に終了した時、初めて音を立てることが許され「鐘楼の梵鐘をつき、太鼓を鳴らし、御越年式の終わったことを告げる」のだという。

善光寺周辺の町内の様子を語るホームページにこうある。

越年式の夜は、寺中一切の鐘を打たず、山内人払いし、周囲の町は戸をおろし、明かりを消し、往来を慎むという古例は現在にも伝えられ、当夜、境内の明かりは自動販売機も消され、門前元善町では区長からも午後八時以降の消灯を回覧板を通じて各家庭に伝えられます。

絶対の秘儀であり、ご近所まで協力し謹慎して迎える御越年式。『善光寺まいり』の五来重さんはこのように言う。

御越年式を見ると、この夜は日本中の精霊や祖霊のあつまる霊場としての善光寺信仰が如実に見られる。したがって善光寺境内には、目には見えないけれども、木の根元や叢、石塔、燈籠の陰などに精霊がひそんでいて、三界万霊の充満した世界が現出されているのである。

四門固めの東西南北に隠し供えられたお供物は、木の根元や草むらや石塔やの影に潜む精霊、三界万霊のために捧げられる供物なのであろう。そしてお供物は翌朝になると、早起きの参詣人が拾っていただくことになる。御越年式が寺だけの行事でなく近隣の町をまきこむ行事であるように、お供物もまた近隣の人々の幸いを願うものとなる。

そうした行事が古来からの極秘の行事としてずっと続けられてきた寺であるからこそ、若山牧水の故郷宮崎のお精霊様も安心して帰って来られるのだろう。小田宅子が呼びかけた父や母やの亡き霊も、橘南谿とともに善光寺本堂に通夜した大勢の人々が会いたかった亡き人も、こういう善光寺になら来てくれそうな気がしてくる。娘を二十六歳という若さで失ってしまった母が善光寺でなら娘に会えるのではないかと思った気持ちもわかる。

高濱虚子が新作能「善光寺詣」の舞台に善光寺戒壇を選んだのも、このような霊と人との気持ちが生きられる場所だったからこそ可能だったのだ。

幽霊の絵馬

善光寺に、亡き妻とともに参拝できましたと感謝を語る絵馬がある。

幽霊の絵馬、あるいは亡者の参詣と呼ばれているが、この絵馬は亡き人と昼間の道中で出会っている。橘南谿の「善光寺」も小田宅子の『東路日記』も、夜の善光寺のお籠りの中で亡き人との再会を願っていたが、幽霊の絵馬は昼の道中。

こんな話もあったのかと思う物語で、川を渡った丹波島のあたりから亡き妻の姿がじょじょに見え始め、善光寺境内に入るとはっきりした姿となって子どもを抱き取り、家族そろって善光寺如来に参拝。帰りしなに、子を夫に渡して消えていったという。

善光寺史料館（日本忠霊殿の中にある）に幽霊の絵馬を含め十数点が展示されているが、古い絵馬は二七三枚も所蔵されているとのこと。

展示には絵馬ごとに解説が付いているが、明治十年に出版された小冊子『信州善光寺御堂額之写』（岩下孝四郎著　静嘉堂梓）が古い形を残していておもしろいので、こちらを口語訳で。

肥前の国長崎　西中町　中村吉蔵　同行四人

肥前の国長崎より善光寺へ参る途中で女房が病死した。夫の吉蔵は二歳になる子をふところに入れて善光寺へと急いだところ、丹波島より女房の姿がうっすらと見えだした。夫も供の者も不思議に思っていたところ、山門の内に入ると女房ははっきり姿を現し、夫より子どもを受け取り、阿弥陀如来の前に参詣し、伏し拝み、下向のおり、夫へ子どもを渡し、そのまま消え失せた。不思議でもあり、ありがたくもあり、現当二世（この世とあの世）のためにと絵馬を納め申しました。

明治十年の小冊子にも、善光寺史料館の解説にも、絵馬が奉納された年月日は記載されていない。小林計一郎氏の『善光寺史研究』には天明年間とある。確かに「天」という字だけは見える。肥前国という文字はわかり、旅姿からも江戸時代の物語であることは間違いはなさそうだ。

歩いてたどり着く江戸時代の長崎はあまりにも遠い。しかも二歳の幼子を連れての善光寺参詣はよほどの思いがあればこそのこと。その思いの一端なりと物語られていれば、亡き妻がどうしても一緒に参詣したくて姿を現した心も、残された家族の無念も、亡き妻に出会えた喜びも、もっと鮮やかなものになれたであろう。

善光寺史料館の解説には、「女房の子と夫を案ずる心に加えて、一行の深い信心が如来様に通じたのです。如来様は、死さえ打勝つ大きく強く温かいお力をお持ちでいらっしゃる」と書かれている。

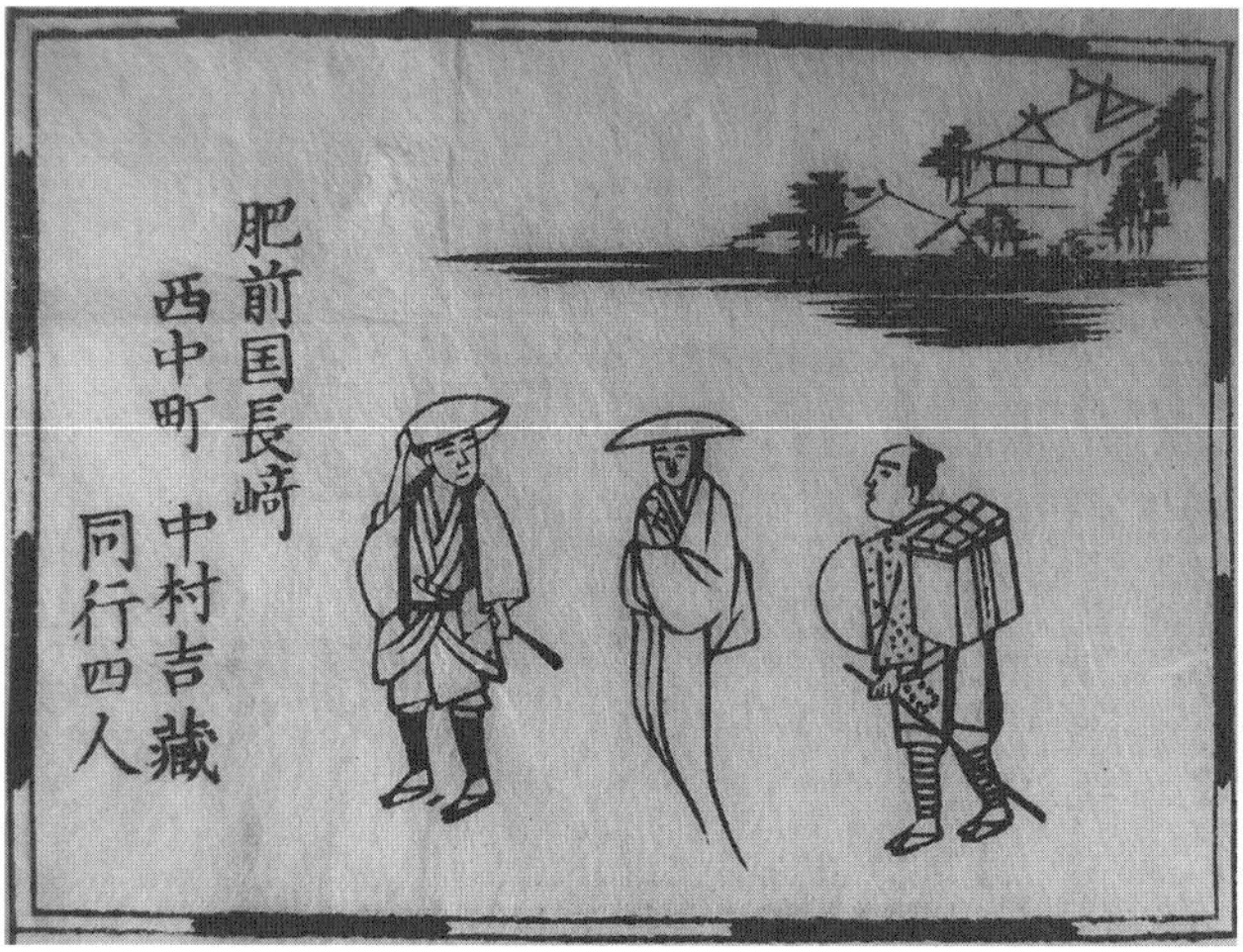

『信州善光寺御堂額之写』(明治 10 年発行) に残る幽霊の絵馬
(長野県立図書館所蔵)

善光寺史料館の幽霊の絵馬。こちらはしっかり足まで描かれている(善光寺所蔵)

善光寺史料館の絵馬の絵は、しっかり赤ん坊を抱く妻の姿を真ん中に、前には夫、後ろには荷物を背負った男がいる。三人ともに、足までしっかりと描かれた旅姿である。この妻がじつは亡き人なのだと、絵を見ただけで理解するのは難しい。解説を読んで初めて、妻は亡き人であったのか。善光寺境内という特別な場所でだけ姿をあらわすことができ、一緒に参拝することができたのかと、納得することになる。

一方、明治十年の冊子の絵は、見ただけで、妻が亡き人であることがわかる。妻だけがいわゆる幽霊のイメージどおりに足のない姿で描かれている。前を行く夫と後ろに従う供の男は二人とも草鞋ばきの足までしっかりと描かれ、幽霊姿の妻とは対照的なのだ。絵を見るだけで、幽霊の絵馬と呼ばれる理由が納得できる。冊子の作者が、善光寺の幽霊の絵馬を模写する際に、幽霊であることをより強調する絵に変えたということだろうか。

いずれにしても、幽霊の絵馬からは、亡き人に会わせてくれる善光寺のイメージが、新たにもう一つ浮かび上がる。

第二章　この世で出会えてこそ

亡き人にもう一度会いたいという切なる思い。その思いが、善光寺という時空でなら可能になるのではないか。そんな思いの数々が、さまざまな亡き人と善光寺の出会いの物語を生んでいた。

だが、人生には、この世に生きているにもかかわらず、どこに行ってしまったのか、行方知れずになることもある。特に仏教の戒律が厳しかった時代は、出家した以上、親子の愛も夫婦の愛も煩悩として捨て去り、修行一途が求められ、出家者は突然、家族の前から姿を消す。そんな悲しい別離も他人事ではなかった。

『源氏物語』の光源氏も人生の最後は出家して心静かに来世を願いたいと思っていた。しかし出家する以上は、一人山里の庵にこもり、どんなに愛する妻・紫の上であっても別々に別れ住み、二度と会わない、そうでなければ出家ではないという。その覚悟ができるまでは自分も出家しないし、紫の上にも出家を許さない。紫の上は病気が重くなった時、せめて人生の最後を、出家して仏道一筋に来世の極楽往生を祈りたかった。だが、源氏は、病気が重ければ重いほど側に付いていてやりたくて、どうしても許せなかった。出家が最愛の妻のたった一つの最後の願いであったのにもかかわらず、それでもどうしても。

夫婦の愛も、親子の愛も、まことに断ち切りがたいものがある。それでも、この世より、来世の永遠の幸せを重く考え、強い心で家を出ていく者もある。西行法師もそうであったが、残され捨てられた家族にとっては悲劇である。なんとかして今一度会いたいと探し求める。

矛盾するこの人情が、善光寺の地で交錯し、新しい出会いの物語、行方知れずの親子が、善光寺で再会する物語が生まれてくる。

あるいはまた、せっかく善光寺の地で再会を果たしながら、名乗ってやろうとはしない親がいる。子どもへの愛はありながら、子が親にどれほど会いたがっているか分かっていながら、どうしても名乗ろうとしない。そんな親子の複雑化した出会いの物語も、善光寺を舞台に生まれている。

あるいはまた行方知れずの恋人に、善光寺でなら会えるのではないかとひたむきに求めてくる物語も生まれている。

人はやはり、できるならば生きてこの世で、大切な人に再会したいと思うものなのだ。

一　再会の舞台──謡曲の善光寺

「土車」善光寺で会えなければ、もはや

この世での再会を願う物語の一つが謡曲「土車」。室町時代の世阿弥の作である。世阿弥（一三六三〜一四四三）は足利将軍義満の惜しみない庇護を受けた、花のある優れた能役者で、数々の能を生み出した能作者でもある。『風姿花伝』などの能楽論を展開した理論家でもあり、演出家でもあり、作曲家でもある。時代を超える多彩な謡曲を生み出した世阿弥の「土車」。

「土車」は、京の都近くの深草の地で豪奢に暮らす深草少将（ワキ）が、愛する妻に死なれ、世をはかなんで出家。幼い一人息子がいたにもかかわらず、行方知れずとなり、信濃の国善光寺に日参する僧となっている所から始まる。少将の幼い息子を子方が演じ、シテ＝主役は若君の守り役の小次郎である。では、物語のあらすじを。

捨てられた若君（子方）を、守《も》り役の小次郎（シテ）が守り、父少将を探し求めて諸

国をまわり、ついに善光寺へたどり着く。かつては豪奢な車に乗っていた若君を、粗末な土車にお乗せして、小次郎は、なんとか露の命をつなごうと、念仏を唱え、鼓を打ち、物狂いの芸を見せては袖を広げて物を乞う。どうぞ、われらが心を憐れとお思いでしたら、探し求める父君、深草少将の行方を教えて下さりませと言いながら…。

こうして信濃の国の名高き善光寺へとたどり着き、ただひたすらに阿弥陀を頼み、父少将に会わせて下さいませと祈るのだが、無念にも出会うことはできなかった。小次郎は落胆し、里人に「おもしろう狂うて見せよ」と言われても、もう今までのように物狂いの芸を見せたくなくなっていた。この善光寺でさえ、出会えないのなら、もはや絶望である。物狂いの芸で物を乞い、命をつなぎ、少将を探し求める望みが消えてしまったのだ。「さゝらも八撥《やつばち》をも、うち捨てゝ狂はじ、皆うち捨てゝ狂はじ」。

だが、実はすでに出会っていたのだ。父少将が二人に気づき、気づきながらもあえて名乗らず、そっと行き過ぎた。

少将の心はゆれる。二人の衰えた哀れな姿に胸いっぱいになり、すぐに名乗ってやろう、喜ばせてやろうと思ったのだが、出家は家族への愛も煩悩として捨て去る世界に生きること。愛さえ捨てて解脱《げだつ》できなければ、成仏できず、永遠に六道輪廻《ろくどうりんね》を流転していくことになる。
今、名乗り出なければ生きて再び会う機会はない。しかし今、会わなければ成仏という永遠の喜びとなる。名乗り出れば今生《こんじょう》の喜び、名乗り出なければ永遠の喜び。少将は迷いに迷い、ついに「子は三界の首かせ」とばかりに、わが子への愛を断ち切り、南無阿弥陀仏とただひたすらに唱えつつ、行き過ぎていった。

小次郎は若君にこう言う。
小次郎「どういたしましょう、ここまで父御を探して参りましたが、似た人さえいらっしゃらない。さて、どういたしたらよろしいか。」
若君「今はもう命も惜しくない。寺の前の川に身を投げて死のうと思う」
小次郎「まことにまことに、けなげなことを。それならば御供申し、一緒に身をば投げましょう。いくらなんでも善光寺ならば、探し当て、会わせてさしあげられると思っておりましたが、それがしも疲れました。今宵は如来の御前で心静かに念仏をなされませ、夜が明けましたら、川へお供申しましょう」

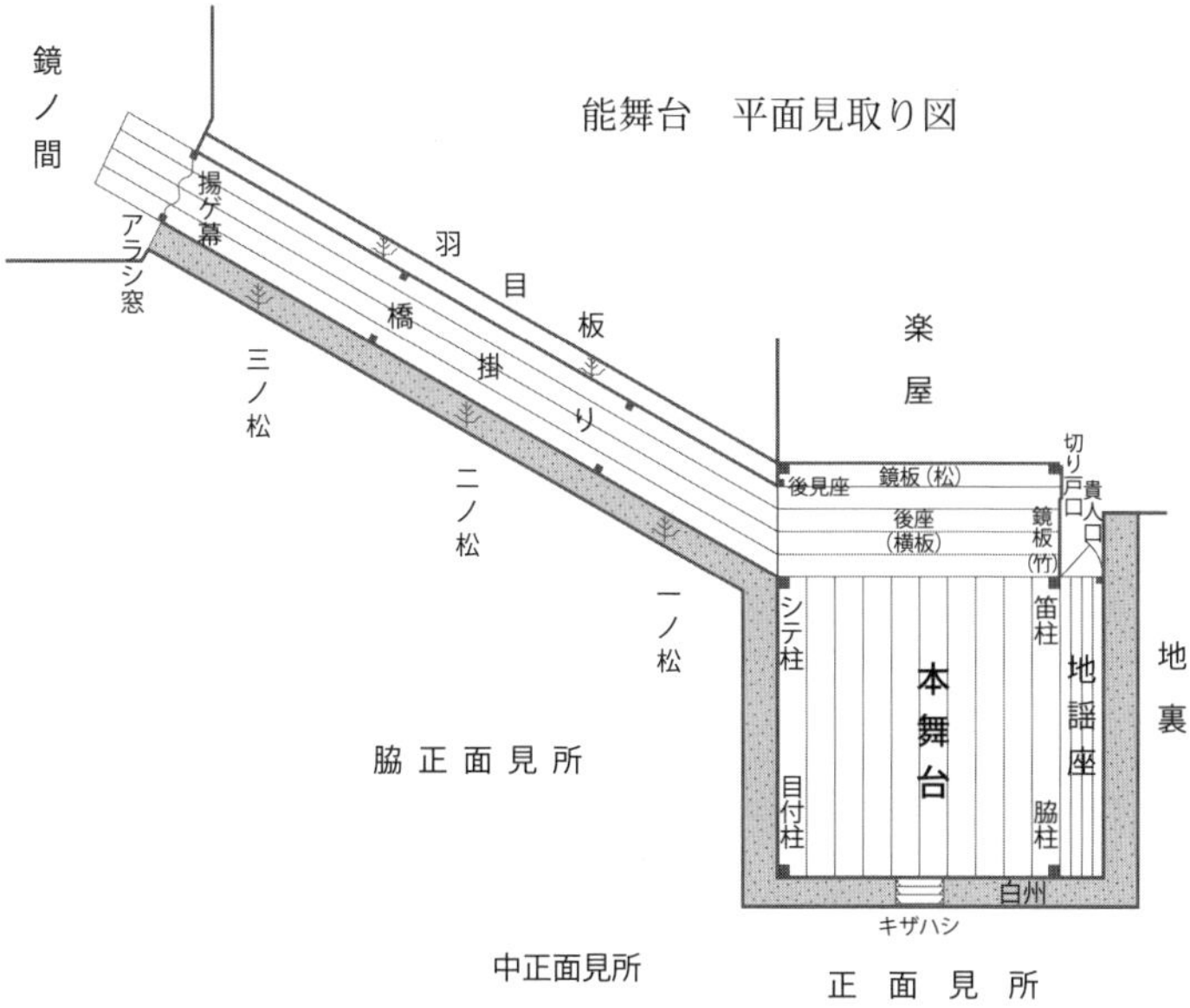

二人はその夜、善光寺本堂で深々と仏に祈った。極重悪人でも、ただ阿弥陀を念ずれば救って下さるという弥陀の本願におすがりし、われらをお助け下さいと祈り続け、夜が明けると、手に手を取って川のほとりに出ていった。

深草の少将は断ち切った愛だったが、やはり二人の様子が気に掛かり追っていく。二人は西に向かい、憂き身を川に投げようとする。少将は、ああ、しばし、と引き止める。生きているの留められても、生きているのが辛いから捨てるこの命、かえって迷惑と反発し、「父の少将だ」と名乗られても、面変わりした僧の姿は少将とは思えない。「故郷は?」とたたみかければ、「深草の」と答えたその答えこそ、真《まこと》にまことに父少将の証しだった、会えたのだ。よくぞ、ともに命ながらえて、また巡り会う運命であったことよ。別れた時のあのつらさ、今、会うことのこのうれしさ、何にたとえようぞ。夜も昼も恋い慕ったわが父に出会えたこのうれしさよ、このうれしさよ。という喜びで終わる世阿弥の「土車」。

父を探し求めるひたむきな子と、子を捨て出家を全うしようとする父。相反する人間の情が善光寺の地で交錯する。だが、死を選ぼうとする子を前にして、やはり愛は、断ち切れるものではなかった。

それにしても世阿弥の時代、善光寺で会えなければもはやこの世での出会いはない、死を選ぶというほど、出会いの寺善光寺のイメージが定着していたということか。

「柏崎」思いがけず母は子に

謡曲「柏崎」も、「土車」と同じ、親子出会いの物語で、やはり舞台は善光寺。

榎並《えなみの》左衛門の原作を、世阿弥が大幅に改作したもので、「隅田川」「三井寺」「班女」などと同じ四番目物。狂女物ともいわれる。「柏崎」は狂女物屈指の大曲であり、難曲でもある。シテ（主役）は悲嘆のあまり半狂乱の物狂いに見えるが、善光寺の本堂で僧侶にしっかり反論する姿はなかなかのもの。筋が通った論客である。

そんな女をシテに始まる「柏崎」。

シテの柏崎殿の妻は新潟県柏崎の屋敷で、鎌倉に出向いた夫と一人息子の花若の帰りを待っていた。しかし、夫は鎌倉の地でふとした風邪ではかなくも命を落とし、花若は悲しみのあまり出家遁世。家来の小太郎が、柏崎殿の形見の品と花若の置き手紙とを持って、急ぎ、柏崎にもどってきた。

妻は小太郎の姿に、待ちわびた家族の帰還と喜ぶが、夫はもどってはこなかった。息子の花若も姿を消し、母への手紙に「一度帰って母に姿をお見せしようとは思ったが、思い立った修行の道、もしや止められてはいけないと、あえてこのまま出家する。命があれば、三年のうちには顔を見せにもどる、それまでは父の形見を見て、心を慰めていてほしい」と書き残してあった。

なぜ父のためには悲しみに殉じて出家しようという息子が、なぜ生きてここにいる母のためにに姿を見せようとしないのか。夫の一番大切な形見は子どもであるというのにと嘆きながら、しかしまた、愛するわが子の無事を神仏に祈らずにはいられない母の心のあわれさよ。

というところで、中入りとなり、前場《まえば》が終わる。

中入り後、始まる後場《のちば》は、善光寺が舞台。まず口上を述べる僧が「是《これ》は信濃国善光寺如来堂の聖《ひじり》にて候《そうろう》」と自己紹介したうえで、自分のかたわらの弟子としたばかりの小坊主（実は花若）を紹介する。どこのだれか、素性はわからぬが、まことに利発で、如来堂の阿弥陀如来に日参させている。今日も一緒に連れて如来のもとへ参ろう思っていると述べる。

ちょうどその時、高く澄んだ一声の笛とともにシテ（柏崎殿の妻、花若の母）が善光寺の内陣へ入ってくる。シテは夫と息子を失って、悲嘆のあまり柏崎を半狂乱でさまよい出て、北国街道をたどって善光寺に着いたところだった。わが悲しみはそれとして、まず善光寺の正身の如来にお願いしたいのは、死に別れた夫を極楽浄土へ導いていただきたいということ。

その狂乱の姿を見た僧は、ここは善光寺の内陣である、しかも女の身、ただちに外へ出ろと叱るのだが、シテは堂々と反論する。

阿弥陀様は救いがたい極重悪人であっても、ただ南無阿弥陀仏と唱えさえすれば極楽へ導いて下さる、それが弥陀の誓願ではあるまいか。女人は内陣に参ってはならないと如来が禁じられたのか。人間がなんと言おうと構わない。南無阿弥陀仏の声こそがお導き、たのもしや、たのもしや。釈迦はわれら衆生に極楽へ行けと勧め、阿弥陀は極楽からわれら衆生を招き導いて下さる。さあ、この世の極楽の善光寺の内陣へ参りましょう。絶えることのない御仏の灯明におすがりし、夜念仏をいたしましょう。

このシテの悲嘆の姿を見た小坊主は、これこそ柏崎のわが母だと気づき、人目をさけて名乗り出たいと思う。

シテはわが子の姿に気づかぬまま、夫の形見の烏帽子《えぼし》と直垂《ひたたれ》を供物として如来にささげ、夫が浄土へ行けるよう「後生善所を祈らばや」と思うのだが、形見の品を見るにつけ、生前の夫の、武道に優れた姿が、和歌もたしなみ、舞いもみごとだった姿が、あざやかに目に浮かぶ。そして息子が、何代もの因縁が重なってやっとこの世限りの親子になれたというのに、息子の行く末を最後まで見届けることもできず、行方知れずとなった悲しみで、目は涙でふさがり、思いの煙は胸にみちる。

せっかく善光寺の内陣におりながら、悟りの世界に至ろうと祈ることなく、愛という煩悩の絆につながれ苦しむ。この自分が悲しいと嘆きつつ、それでも弥陀の本願にすがり、夫と同じ西方浄土に、どうぞ迎え取って下さいませ、どうぞと、暁かけて祈り続ける母の姿。

小坊主（花若）は今は何を隠そう、私こそあなたの子、花若です、と涙とともに名乗り出た。母は夢かとばかり、愛するわが子の、それにしても墨染めの僧の姿に面変わりした息子にとまどい、子もまた物狂いとなった母の衰えを悲しみ、しばし互いに見つめ合い、いや、今はもう疑いはない、母が子に会えたこのうれしさよ、会えるとはうれしいことよとめでたく結末を迎える。


以上が謡曲の「柏崎」。

ストーリーとしては、悲しみのあまりさまよい出て、悲しみのあまりたどり着いた善光寺。そこでまず願ったのは亡き夫の極楽往生と自分も同じ極楽へ往生をさせて下さいということだった。

その思いのままに念仏をとなえ善光寺内陣で一夜を過ごし、子との再会をあえて願ったわけではなかったが、善光寺は出会いの寺、思いがけず、行方知れずのわが子が名乗って出てきてくれたのだ。

亡き人に会わせてくれる善光寺ではなく、生きてこの世にある者の再会をかなえてくれる新しいイメージの善光寺。

「土車」「柏崎」と新しいこの世の出会いが重なっていけば、人々の心に、善光寺ならば、あるいは行方知れずの家族に会えるのではないか、との思いも広がっていく。

来世を願い、女人往生を願う謡曲

善光寺が登場する謡曲としてよく紹介されるものに「山姥」「道明寺」「藤」などがある。ただこれらには、出会いの寺善光寺の姿はない。阿弥陀の浄土へに迎えられたいと願うイメージであったり、女人にも広く門戸を開かれた寺のイメージであるが、善光寺が描かれた謡曲として必ず取り上げられるので、ちょっと横道させていただいた。

「山姥」の背景にある女人救済の物語は、鎌倉時代の頃には善光寺縁起そのものに登場してくる。天竺《てんじく》の月蓋長者《がっかいちょうじゃ》の一人の娘・如是姫《にょぜひめ》が悪疫に倒れた時、命を救ってくれた阿弥陀如来こそ善光寺如来であるという物語や、地獄に堕ちた皇極女帝を助けてこの世に連れ戻してくれた善光寺如来の物語もある。救われがたいとされていた女人としてはまことに心強い縁起が語られ始めていたのだ。

その反映のように、『平家物語』には一ノ谷の戦いで捕らえられ斬られた平重衡（清盛の五男）の冥福を祈って、接待役をつとめた千手の前が善光寺に参拝したという物語が生み出され、恋人の菩提を弔って善光寺参詣した虎御前の話も『吾妻鏡』や『曽我物語』に登場する。『とはずがたり』の後深草院二条は、女性ばかりの善光寺参詣集団の一員として善光寺をおとずれ、一人残ってしばらく滞在したという物語になっていて、女人を惹きつける善光寺の様子が物語にも登場してきている。

時代は江戸後期まで飛ぶが、加賀百万石の十二代藩主斉広《なりなが》の正室前田隆子も、天保九年、一八三八年、初めてのお国入りで善光寺に立ち寄り深々と参拝。立ち去りがたい思いで境内にたたずむが、これもやはり女人救済の寺善光寺のイメージがあったからであろうか。隆子はこの旅の様子を『こしの山ふみ』に書き残しているが、善光寺での歌は「此世より善き光ぞとうれしくもなを後《お》かけて頼む御仏」。出会いではなく、来世の極楽往生を祈った隆子の姿があざやかだ。

出会いの寺善光寺からすれば横道だったけれども触れさせていただいた。

二　出会っても名乗らなかった父

姫塚伝説—玉鶴姫と父の蓮生坊《れんしょう》

善光寺の南、信州大学工学部の西隣りに姫塚と呼ばれる円墳がある。ケヤキの大木が枝を広げ、その下にひっそり五輪塔と笠塔婆が立っている。姫塚から少し東に離れて、仏導《ぶつどう》寺という寺もある。

どちらも玉鶴姫と父の蓮生坊ゆかりの場所なのだが、姫塚の笠塔婆は元禄時代に建てられ、仏導寺が伝える縁起は昭和十一年にまとめられている。歴史の順序に従って、まずは笠塔婆に刻まれた元禄の話のあらすじから見ていただきたい。

聞くところによると、この円墳は武蔵の国の御家人《ごけにん》熊谷直実《くまがいなおざね》の娘玉鶴《たまつる》姫の霊廟である。父の直実は武道の達人で、鳥羽天皇の御宇の寿永三年二月七日、一ノ谷の合戦で平経盛の一子平敦盛《たいらのあつもり》を討ち、この世の無常を感じて遁世。蓮生と名乗り、京都の黒谷の法然上人の教えを受け、浄土を欣求《ごんぐ》し、修行に励んだ。

直実には一人娘の玉鶴がいたが、父の遁世の後、娘も仏道に帰依し剃髪、法名を一《いち》乗妙蓮《じょうみょうれん》といった。ある日、信濃の国善光寺は三国無双の道場で、無量寿仏の尊像にして、女人救済の誓願がある、その誓願を心に善光寺を目指し、三伏の猛暑をいとわず、はるかなる道をようやくこの地まで来た。しかし、炎天に心身をそこない、露の命を、文治四年七月五日、ここで終えた。
この塚はその妙蓮尼の旧跡であるが、五百余年の歳月を思い、路傍の土となるのを恐れ、未来へ伝えるために、石を改め、新たに一基を作った。
石井氏安次・同茂次
謹んで誌《しる》す　時に元禄十五年五月瑞祥日

長野市若里にある姫塚。大きなケヤキと五輪塔、玉鶴姫の伝説が刻まれた笠塔婆が残る

　これが、元禄の頃、この地に伝わっていた姫塚

のいわれだった。源平の合戦とはいえ、父の直実は十七歳の若者の命を奪い、世の無常を感じるあまり出家遁世。残された娘の玉鶴も出家、善光寺が三国伝来の御仏で、女人救済の誓願があると聞き、その誓願にすがって善光寺を目指し、あとわずかというところまで来ながら命を落とした悲劇の物語。

この文治四年からすでに五百年余の時が流れ、墳墓もこのままでは、やがては路傍の土になりかねない。それを恐れて、いわれを石に刻んで残そうとした元禄時代の二人がいたのだ。同じ石井姓であり、安次、茂次という名からすれば、二人は兄弟ではなかったか、あるいは親子だったか。

それからさらに時が流れ、昭和十一年の「仏導寺縁起」になると、元禄の頃とは少し違う物語が誕生している。

一つは、父の蓮生坊の登場である。蓮生坊がちょうどその時、善光寺に参籠していたという話に変わり、彼は、師の法然上人から、紫雲のたなびくところに必ず大往生を遂げる人がいると教えられていた。その紫雲を善光寺の南に見つけ駆けつけると、そこには、出家以来、一度も会っていない娘玉鶴姫が倒れていたという親子出会いの物語へ変貌している。

思えば、元禄の姫塚の話はあまりに哀れである。たった一人で、だれにも看取られず、旅に死ぬ。あまりに哀れと思う心が、父を登場させ、親子の出会いを生み出す力になっていたのだろう。しかし、父は「土車」や「柏崎」と違い、娘に名乗ってはやらない。出会いながら、なぜ名乗らないのか。その思いや、葛藤する心にも注目して、「仏導寺縁起」のあらすじを読んでいただきたい。

熊谷次郎直実は一ノ谷で若き敦盛を討ち、領地の境界争いにも破れ、世の無常を感じて出家、法然上人のもとで修行の道に入った。
直実の領地・熊谷の館には母と娘が残され、母も亡くなると、姫は来世を願って侍女とともに善光寺を目指した。途中で出家し、川中島の綱島まで来たところで姫は疲れと暑さで倒れた。犀川を越えれば善光寺如来の浄土、なんとか向こう岸へと思うが、川は増水し夜でもあり船頭もいない。二人してかすかに見える如来の常灯明に祈念を込めると気高い翁が現れ、二人を舟に乗せ、綱を曳いて川を渡し、「我は御身らの信じる善光寺如来ぞ」と言って消えた。

ちょうどその頃、父蓮生坊は善光寺に参籠中で、南に紫雲がたなびくのを見て急ぎ駆けつけると、大往生を遂げようとしている人がいる。しかもその者は、熊谷の館に残した我が娘ではないか。蓮生坊は驚き、胸は張り裂け、涙は頬を伝うが、それでも父だとは名乗らない。出家は恩愛の絆を断ち切る修行の身となることではないか。なんで愛の煩悩に引かされて地獄道、餓鬼道、畜生道の三悪のちまたに迷ってよいものかと、心を励まし、胸の思いを隠しきろうとした。

だが、親子の愛は隠しきれず、姫も、もしや父上でないか、父ならば、一言、娘、玉鶴と呼んでくれと願う。蓮生坊は涙を抑え、修行の同行に熊谷という御坊がいた、今は回国修行のよし、再会の折には御身のことを申し伝えよう。今私が涙を流したのは、もしも本当の父熊谷であったならばと、その父の心を推しはかってのこと。御身の往生はもはや近い。いよいよ念仏に励まれよ、これも何かの縁である、十念を授けようと十度の南無阿弥陀仏をともに唱えれば、姫は十度目の念が終わるとともに大往生を遂げていった。文治四年、一一八八年、七月五日の明け方だった。

名乗らぬまま娘を送った父は、娘を厚く葬り、墓の標に二本のケヤキの木を植えた。娘の菩提を弔う庵も結び、善光寺如来が綱を曳いて渡してくれた縁により熊谷山仏導《ゆうこくさんぶつどう》寺《じ》とした。それから父は、綱曳《つなひき》如来の像と娘の像とを刻み、京都の黒谷の法然上人に開眼を願った。これが仏導寺の本尊の綱曳阿弥陀如来なのだ。

以上が「仏導寺縁起」のおおよそである。

玉鶴姫の伝説を伝える仏導寺に祀られる玉鶴姫像

現代の我々には、出家の身を思い、父だと名乗らない人生の選択がまことにわかりにくい。子どもを愛さないで、何の人生か。

けれども真面目に仏教の世界観を信じれば、人には来世というものがある。地獄道、餓鬼道、畜生道、阿修羅道、人間道、天道の六道を次々に輪廻《りんね》していくものなのだ。自分の来世がどの道になるかは、この世の業因次第。僧でありながら戒律を破れば、地獄や餓鬼道に落とされていく。そんな輪廻の厳しさを思えば、なんとかして輪廻を脱し、極楽浄土へ往生していきたいと願う思いも熾烈になり、親子の愛さえも煩悩として捨て去ることもありえるのだろう。

それでも普通の人間に愛は捨てられない。そのできないことをする父蓮生坊が読む者、聞く者の心を打つのだが、それでもあふれ出る涙がある。父はせめてもの思いで、臨終間近の娘に付き添い、南無阿弥陀仏と十度、ともに唱え、娘の極楽への往生をサポートする。

そしてせめてもの思いで、娘のために墳墓を築き、娘のために仏導寺を開いた。本尊も、娘の像も、父みずからの手で彫り、京の黒谷まで運んで、法然上人の手で開眼供養をしてもらうという新しい物語を誕生させた「仏導寺縁起」。

元禄の独りぼっちの旅と死の物語から、父と娘の出会いのドラマへ、しかも、こんなにも複雑な、聞く者の心を揺さぶるドラマへ。看取られて逝く娘も、父ではないという父を心の底で感じながら来世へ旅立つドラマへ。

元禄から昭和へ、物語の変化を起こさせたエネルギーは、出会いの寺善光寺の磁場だろうか。そこに生きる人々の思いなのだろうか。

仏導寺を訪ねると、綱を手に持つ独特の姿の綱曳阿弥陀如来がいらっしゃる。尼姿の玉鶴姫の像にも会うことができる。

仏導寺の本尊、綱を手に持つ綱曳阿弥陀如来

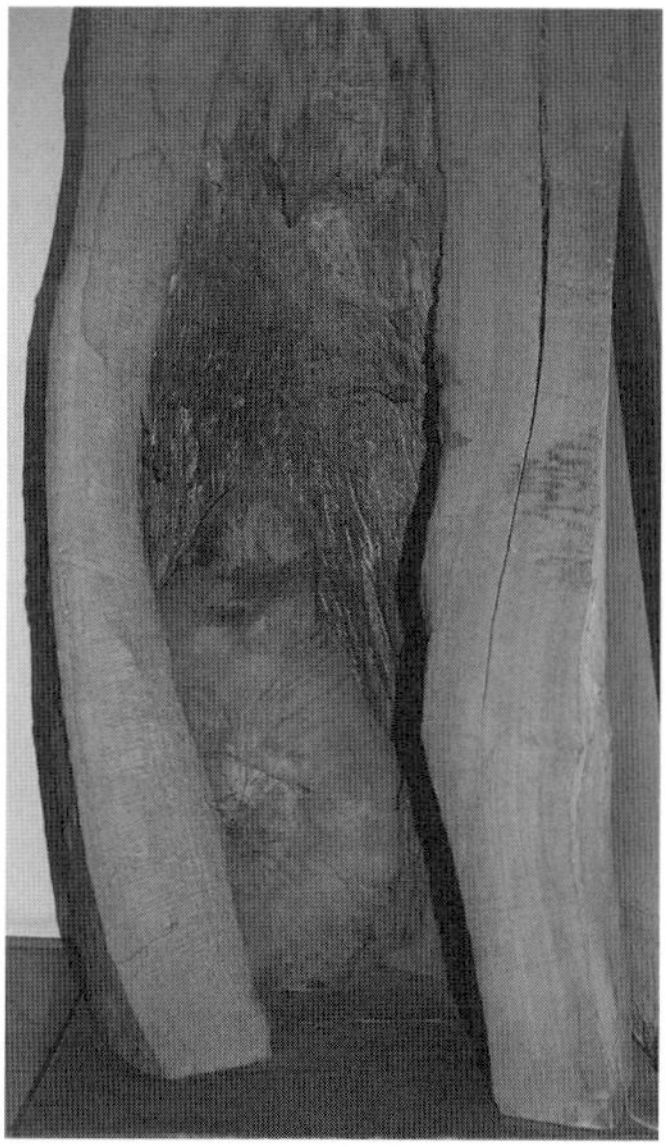

玉鶴姫の七百五十年忌と伝わる昭和26年、姫塚にあった2本のケヤキの1本が倒れ、その中から木こぶの玉鶴姫が現れた

そしてもう一体、木こぶの玉鶴姫が安置されている。昭和二十六年、姫塚の二本のケヤキの一本が怪火によって半ば焼け、冬の大雪で倒れた。やむを得ず伐採すると、どうしても歯の立たないところがあり、木こぶが出現した。木こぶの形は、舟形の光背を背負った姫そのものに見え、仏導寺に安置した。時あたかも、姫の七百五十年忌であったという、ご住職のお話だった。

かるかや伝説―父の苅萱道心と石童丸

愛さえも煩悩として捨て去らねばならぬ僧侶の戒律。

それゆえに、姫塚伝説の父は、娘に出会いながら名乗ってやれなかったが、同じように息子に出会いながら名乗らなかった父がいる。父は苅萱道心《かるかやどうしん》、息子は石童丸《いしどうまる》。

この親子の縁起を伝える寺が二つ、善光寺のお膝元にある。

一つは善光寺の西の山腹にある苅萱堂往生寺。もう一つは善光寺の南、長野駅近くの苅萱山西光寺。どちらの寺にも縁起を語る一対の絵伝の掛け軸が伝承され、どちらの寺にも親子地蔵と呼ばれる仏像が二体まつられている。

親子地蔵という名は、親と子の大小二体の仏像を想像させるが、そうではなく、同じ大きさの優美な地蔵菩薩で、一体は父の苅萱道心が彫り、もう一体は子の石童丸が亡き父にならって彫った。親子で彫り、親子の絆を語るものだから、親子地蔵と呼ばれているのだという。

そんな伝説の絵解きを、駅近くの西光寺なら江戸時代の絵伝の掛け幅を見ながら、山腹の往生寺なら明治時代の絵伝の掛け幅を見ながら、耳を傾けることができる。

往生寺　親子二代のかるかや物語

まずは苅萱堂往生寺が伝える苅萱親子の物語を。

物語は筑紫、京都の黒谷、高野山、それから善光寺へと舞台が移る。

苅萱道心は出家前は加藤左衛門尉重氏《しげうじ》という筑紫の国主であったが、つぼみのまま咲くのを待てず散る桜に世の無常を悟り、妻も子も宝も捨て、京都の黒谷の法然上人のもとで出家。十三年後、高野山に移ったが、妻は十三になった石堂丸とともに、はるばる尋ねてきた。

しかし、高野山は女人禁制の山、母は麓の宿に待ち、父の顔を知らない石堂丸がただ一人、山に登り尋ね歩いた。往生谷で出会った苅萱道心こそ父であったが、子は父を知らず、父は愛さえ煩悩とする出家の戒律を思い、重氏殿は亡くなったと嘘をついて下山させる。だが麓で待つ母は病で亡くなっていて、石堂丸は泣く泣く遺骨を背負い、再び高野山に登り、苅萱御坊の弟子となる。

名乗らぬまま弟子としたものの、やはり親子一緒に一つ庵での修行は菩提のさわり。苅萱御坊は一人善光寺へ下った。如来の夢告げによって、善光寺の西北、山の中腹にある松の大樹の下こそ我が往生の地と悟り、そこに庵を結んだ。さらに夢告げで、自分たち親子が地蔵菩薩の生まれ変わりと知り、それならば衆生の助けにと地蔵菩薩の像を彫りあげ、善光寺如来の手で開眼。八十三歳で善光寺如来の迎えを受け、地蔵菩薩の姿となって、六道輪廻から脱し阿弥陀の浄土へ往生を遂げた。

高野山の石堂丸は夢で師の往生を知り、急ぎ善光寺に下り、残された品によって、師が父であったことを知る。そして、父の志を継ぎ、父と同じ地蔵菩薩を彫りあげ、父と同じ善光寺の地で、めでたく阿弥陀の浄土へ往生していく。

以上が往生寺に伝わる苅萱道心と石堂丸の物語である。

出家の戒律を守るか、妻子への愛を思うか。

この葛藤は、玉鶴姫と蓮生坊の物語と同じように物語られているが、違うのは葛藤を抱え続ける年月の長さである。

片や臨終間近な娘と父の、いわば一瞬の、名乗らぬままの出会いと別れである。

片や、高野山の一つ庵で、師とし弟子として修行する長い歳月が続く。毎日毎日、葛藤に耐えながら、それでも修行僧として戒律を守り続ける精神の強靱さが光る展開なのだ。

それでも苦しくなった時、父は子を高野山に残し、一人逃れて善光寺如来のもとに去る。そして如来のご加護を受けながら、衆生済度のために地蔵菩薩を彫りあげ、如来の来迎を受けて大往生を遂げていく。

僧として戒律を守りきった苅萱道心の、それゆえに極楽浄土へ迎え取られていったみごとな人生。

しかし、苅萱道心は心の奥底で息子を思い続ける父でもあった。生きてこの世で名乗り合うことは断念しきった修行僧であったが、死後に、父であったと息子が知ることができる品を残して逝った。

弟子は善光寺の地に来て、師の往生の地に立ち、父の深い思いに触れた。そして、父と同じように地蔵菩薩を彫りあげていく。その一刀一刀に父と子の絆を深めながら来世へ旅立っていった。

　かくて善光寺の地に、父と子の絆を語る親子地蔵が残された。出家の戒律を守り、この世では名乗れなかった父の、それでも息子に残していった思いの深さである。

往生寺に伝わる親子地蔵像（白鳥耿二撮影）

　出会いの寺善光寺は複雑な味わいを見せる。
　往生寺には『刈かや道しんわさん』という冊子があるが、絵解きとは少し物語に違いがある。絵解きに近いのは、明治二十二年出版の『信濃国善光寺　苅萱親子地蔵尊由来記』（水内郡高田村　水澤米作の著）なので、私のあらすじもこの冊子によっている。

西光寺　親子三代のかるかや物語

一方の苅萱山西光寺。

善光寺の南、長野駅近くにある西光寺に伝わる絵伝は、実は、昭和五十八年までは、一本だけだった。江戸前期に制作された美しい絹本《けんぽん》の絵伝で、基本のストーリーは山腹の往生寺とおおよそ同じもの。

ところが昭和五十八年、西光寺悉皆《しっかい》調査の折に、もう一本、まったく別種の絵伝が本堂裏から発見されることになる。それまであることさえ知られていなかった「新絵伝」。「新絵伝」は江戸中期の制作で、何本かで一組となる絵伝の残欠であると推定された。

江戸前期の「従来の絵伝」と、江戸中期の「新絵伝」。作られた時代も違い、片や残欠という不完全なものにもかかわらず、不思議というか、必然というか、「新絵伝」は、「従来の絵伝」のちょうど一世代前の物語で、苅萱道心の父重昌《しげまさ》の、子のない嘆きから始まっていたのだ。

では、発見された「新絵伝」、祖父から父への物語をあらすじで。

祖父の名は加藤兵衛尉《かとうひょうえのじょう》藤原重昌。大筑紫九州博多の守護職で、武芸に優れた弓矢の達人として知れ渡り、領民からも慕われていたが、ただ一つ、四十を過ぎても子に恵まれないのが嘆きだった。思いあまり香椎宮《かしいのみや》大明神に参籠し祈願すると、夢に一人の翁が現れ、今宵、博多の東石堂口の川の畔に行けば、温かい玉のごとき黒石がある、それを妻に与えれば必ず男子が授かるとのお告げを受けた。早速、行ってみると、川の畔の地蔵菩薩の左手に、夢告げどおりの石が載っていた。持ち帰ると、ほどなく妻は懐妊し、石堂丸が誕生。これが後に苅萱道心となる赤ん坊で、石堂丸はすくすくと成長し、学問にも優れ、荒馬も乗りこなす強者《つわもの》となり、桂子姫と結婚。名を加藤左衛門重氏《しげうじ》と改め、苅萱の荘に館を構え、千代鶴姫が誕生した。重昌は守護職を息子の重氏に譲り、やがて世を去るが、重氏は父に劣らぬ仁政を敷き、花見の宴が華やかに催された。

以上のように、新発見の「新絵伝」は、石童丸誕生以前のお話で、祖父と父との物語が

西光寺に伝わる「苅萱道心石堂丸御親子御絵伝」（江戸中期）。昭和 58 年に発見された祖父から父への物語（西光寺所蔵）

美しい絵となり、華やかな花見の宴の場で終わる。

「従来の絵伝」は華やかな花見の宴から始まっていた。

作られた時代も違い、片や残欠であるという二つの絵伝が、出会ってみれば、不思議なほどみごとに、花見から花見へ、新から旧へと連続していたのだ。

では、「新絵伝」の続きとなる「従来の絵伝」を、あらすじで。

華やかに催される花見の宴、だが、重氏は、つぼみのまま散る桜にこの世の無常を悟り、すべてを捨てて出奔。父の出家後に誕生した石童丸が十三になった時、風の便りに、夫は京都の黒谷にいると聞き、高野山へ移ったと聞き、妻子が訪ねていくが、高野山は女人禁制、父を知らぬ石童丸が一人探しに登っていった。出会った苅萱道心は衝撃を受けながらも、そなたの父は死んだ、墓はそこだと嘘をつく。だが、石童丸は、あふれる涙に父を感じ、父のために姉千代鶴姫が作った袈裟《けさ》が風もないのに苅萱道心の袖にからみつくのを見て父だと確信。名乗ってくれと詰め寄るが、父はついに名乗らず、仕方なく下山すれば母も亡くなり、姉の待つ筑前国に帰れば姉も亡くなっていた。天涯孤独の身となった石童丸は再び高野山にもどり、苅萱道心に乞うて弟子とな

こちらの「苅萱道心石堂丸御親子御絵伝」（江戸前期）は、父から子への物語。善光寺が登場する（西光寺所蔵）

り、同じ庵で三十四年。苅萱道心は親子の情の通うことを恐れ、善光寺へ去り、善光寺の南に庵を結び、善光寺如来の導きで、衆生のために地蔵菩薩を彫りあげて大往生。父の死を高野山で悟った石童丸は急ぎ信濃に赴き、父の遺志を継ぎ、父にならって、

地蔵菩薩を彫りあげ往生を遂げた。

これが「従来の絵伝」の物語。花見の宴という同じ場面が、「新絵伝」と「従来の絵伝」をまったく無理なくつなぐ。以来、西光寺は出会った新旧二本の絵伝を並べ、合わせて一つの物語として絵解きをしている。祖父重昌、父重氏、子の石童丸へ、親子三代の物語として。

西光寺発行の『苅萱親子地蔵尊縁起 苅萱道心と石童丸』には絵も物語も合わせて載せている。

往生寺が語る親子の出会いは父が印の品を残してくれたことで可能になったが、西光寺が特に力を入れて物語るのは、高野山の奥の院、無明の橋の親子の出会いである。苅萱道心ははるばる九州から訪ねてきたわが子への愛に揺さぶられながらも、私はそなたの父ではないと突っぱね、石童丸はあなたは父に違いないと肉迫する、あの出会いの場面である。

今、西光寺境内には高野山のこの場面の父と子の銅像がある。しかし、父はついに名乗

らず、高野山では三十四年間、師と弟子として暮らしながら、ついに親子として向き合うことはなかった。

善光寺でも親子一緒には暮らせなかったが、それでも、子が父だと思えた場所は善光寺のこの地でだった。父が残した地蔵菩薩と思え、父が彫ったようにと思いながら一刀一刀彫りあげることのできた善光寺。だからこそ、二人の彫った地蔵菩薩を、人は親子の絆を語る親子地蔵と呼び、師弟地蔵と呼ぶ人はいない。

天保十二年、一八四一年、高倉健のご先祖小田宅子もかるかやの寺、西光寺に寄っていた。母も一緒の親子三人の像もあり、父と子の塚もあった。それらを見ながら、坊で、話も聞かせてもらい、親子の縁の深さにしみじみ打たれ、歌を一首残している。

親と子がかりそめならぬかるかやの寺にあはれの残るかたしろ

（親と子の縁はかりそめではないのだと、苅萱の寺に残る像が、
しみじみと語り伝えていることよ）

西光寺の本堂前に建つ苅萱道心と石童丸の像

宅子は子どもを亡くしていたから、長い年月を越えて親子寄り添い続ける像がうれしかったのだと思う。親子の縁は一世、この世だけの仮のもの、と言われもするが、像も、坊での話も、親子の切っても切れぬ絆を深々と語ってくれるものだったのだ。

かるかや物語の歴史をたどれば

これほど長野に根付いた苅萱物語ではあるが、中世の頃まで遡れば、あるいはもう少し古くなるのかもしれないが、昔は高野山だけの物語だったようなのだ。高野山の一角にある苅萱堂を中心とした高野聖《こうやひじり》が布教唱導のために苅萱親子の物語を語っていたと言われるが、唱導は語るものだから、心には残っても文字としては残らない。

その唱導の古い形が、現在は廃曲となっている謡曲「苅萱」に残っているのではないかと思われるが、謡曲も高野山だけの物語だった。ストーリーは往生寺や西光寺の高野山の場面を思っていただければほぼ重なる。出家出奔した父を高野山に訪ねていくが、女人禁制ゆえに、父の顔を知らない息子がひとり山に登り…というあの話である。謡曲では父は最後に名乗り、父子ともども高野山で母の菩提を弔っていくところで終わり、善光寺はまったく登場してこない。

それが中世から近世にかけて流行った説経節の「苅萱」になると、善光寺に結びつき、善光寺の親子地蔵が登場してくる。背景には高野聖と善光寺聖の交流があったからであろうと言われるが、生きてこの世で善光寺に来たのは父の苅萱道心だけ。親子だと名乗り合えたのもこの世ではない阿弥陀の浄土。では善光寺にある親子地蔵はなんなのかといえば、二人は浄土で親子ともども地蔵菩薩となった。その姿を写し取った仏像が善光寺に安置されている親子地蔵なのだという物語なのだ。

だが、善光寺との縁が父の苅萱道心と仮の姿の仏像だけでは、なんとはなし遠いと思う心が湧くのか、寛延二年、一七四九年に『苅萱道心行状記』が出版され、親子ともども善光寺に来る話に変わっている。父が先に、子は父の善光寺での往生を悟って急ぎ高野山からという時間差はあるが、親子ともに善光寺に来る。子は、善光寺町の人々に、父は真の修行者ゆえに父だとは名乗らなかったが、私は子であると名乗り、父が彫りあげていった地蔵菩薩と同じ地蔵菩薩を、子も、父への思いを込めて彫りあげていく物語へ変わり、現在の伝承につながってくる。

高野山だけだった物語が善光寺に結びつく。このような変貌をたどると、改めて、出会いの物語へと引き寄せていく善光寺の磁場を感じてしまうのだ。

ちなみに親子三代のかるかや物語を始めたのは『苅萱道心行状記』で、長野ではこのストーリーにならって『信濃国善光寺苅萱親子地蔵尊由来記』が明治二十七年に発行された。著者は西光寺五十六世住職禪譽大雲。今、西光寺で絵解きされる親子三代の物語のルーツにあたるのがこの『行状記』と『由来記』。新旧二つの絵伝の偶然の出会いと合体から生まれた現在の絵解きは、歴史をたどれば、明治二十七年の『由来記』に、さらにたどれば一七四九年の『行状記』に行き着く。

三　出会いの寺　転生の寺

「短冊《たんざく》の縁《えん》」最愛の恋人に善光寺で

善光寺出会いの物語に、珍しく相思相愛の恋物語がある。

「短冊の縁」（『室町時代物語大成　第九巻』所収）という物語で、書かれた時期はおそらく近世、物語の内容からすれば中世風のという物語で、相思相愛の男女はおと姫と花わの庄次家定。二人は生涯の伴侶と互いに思うようになっていたが、国司の横恋慕のために、おと姫は絶望し姿を消した。花わ殿は行方知れずとなった恋人を善光寺でなら会えるかと追っていく。

では、まずあらすじを。

おと姫は常陸《ひたち》の国のお館様（地方豪族）の姫君、花わの庄次《しょうじ》家定《いえさだ》（花わ殿）は下野《しもつけ》の国の若きお館様。国が違い、互いに地域の支配層であってみれば知り合うこと自体が難しい。そんな二人を結びつけるのが和歌の書かれた短冊だった。

さくら川　霞のまより　ながむれば　花とうたがう　瀬々のしらなみ
（春霞の絶え間から眺める桜川は、花かと疑うほど美しい瀬々の白波だった）

花わ殿は、この姫君の歌に惹かれ、流れるような筆跡にも惹かれ、まだ見ぬ姫君へほのかなる思いが生まれ、召し使う侍女の手を通して手紙を通わせるようになる。ある日、花わ殿は、侍女と姫の乳母との無理を押しての算段で、姫の館をこっそり訪ね、ひそやかな一夜を過ごすことになった。

この日から、二人は恋こがれる仲となり、花わ殿は盗もうか、忍び通おうか、やはり正面から結婚を申し込むことにしようと、隣国に使者を送ったが、常陸の屋敷では姫君が行方知れずとなり、死を覚悟した姫の和歌がみつかり、乳母が姫の後を追って自害する大騒ぎになっていた。

実は京から赴任した常陸国の国司が姫の美貌の噂を聞きつけ、権力を笠に結婚を申し込んだ。姫の父は承諾したわけではなかったが、姫君は絶望し、国司の嫁にはなりたくない、花わ殿に添うことがかなわないなら自害しようと決意してしまった。

だが、女は往生しがたいという仏の教えがある。刀で死ねば来世は必ず修羅道に落ち、牛頭馬頭《ごずめず》の責め苦を受けることになる。その悲惨を思うと自害もできず、乳母から聞いた善光寺ならば比丘尼《びくに》も大勢いるという。そこで尼となり来世を願おうと決心し、一人、夜の館を忍び出た。

館から一里さきの、筑波山麓の山寺山まで、ようやくたどり着いた姫の夢に稲荷の神が現れ、姫はその夢告げどおりに六所の明神にたどり着き、そこで信濃の国、善光寺のお膝元から筑波山参詣に来た斎藤入道に出会い、助けられる。子のない老入道は娘を得られたように喜び、「善光寺に行きたい、そこで出家したい」という姫を大切に守り、碓氷峠を越えて丹波島の屋敷をめざした。

一方の花わ殿は、姫は死んだと思い、自分も死にたいと嘆き暮らしていたが、姫が旅の途中で残した和歌の短冊が偶然にも花わ殿の目に触れ、姫は生きている、善光寺で出家すると言っていたと知り、尼姿になっていようとも、今一度会いたい、姫にも見られたい、それでこそ生きて甲斐ある命。死ぬにしても姫のいる善光寺の土となれば、来世の縁も心強かろうと決心し、下野を出立。

碓氷峠の茶屋で、姫の残した短冊に出会い、ひたすらに急いで善光寺へ到着した。阿弥陀如来の四十八の大願にあやかり、四十八日間の大念仏を善光寺御堂で行えば、評判を伝え聞いて、姫はきっと参拝に来る、きっと出会えると信じて大念仏を始めた。実は花わ殿、本当に会っていいのかと煩悶していた。会えば、煩悩の絆を断ち切り仏の弟子になった最愛の人を苦しめることになる。善光寺のような霊地に来たら、来世の極楽往生を祈るべきなのに、最愛の女に会いたい、たとえ、尼姿になっていようとも会いたいと祈る罪深さに苦しんでもいた。

だが、姫は出家してはいなかった。姫を助けた入道は、夫婦ともども娘のように大切に思い、出家されては大変と善光寺には行かせなかったのだ。

そこへ大念仏の噂が広まり、姫も、最愛の妻のための大念仏と聞くにつけ、二十四か五ほどという施主の姿形を聞くにつけ、もしや下野《しもつけ》の花わ殿ではないかと思い、ぜひ行ってみたいと思う。ようやく入道の許しを得て善光寺の御堂に詣で、施主の姿を一目見たとたんに、姫君は涙をこぼし倒れてしまう。姫にとっての再会の瞬間だったが、供の者は出家されては大変とあわてて入道の屋敷に連れ戻した。

その後、少々の紆余曲折があり、心のためらいや恥じらいを越えて、姫は入道夫婦に打ち明け、入道の知らせが善光寺へ飛び、花わ殿が入道の屋敷に駆けつけ、めでたく最愛の姫君と再会を果たす。二人は盛大な迎えを受けて故郷へ帰り、姫君は花わ殿のもとへ輿入《こしい》れとなり、入道夫婦も下野に呼び迎えられて、めでたく「短冊の縁」は終わる。

二人はともに関東の人間である。関東のどこか他の寺でもよかったのであろうが、女人救済の寺善光寺のイメージが印象深く広がっていたということなのだろう。姫の乳母も常々、大勢の比丘尼がいる寺として善光寺の話をしていた。姫もこの世を捨てるほかないなら、我が身の置き所として善光寺を目指していく。姫が善光寺に引き寄せられれば、姫との再会を求める花わ殿も善光寺へ引き寄せられる。

単純で明快な恋物語に、悪役の国司が登場するのが中世らしい。中央の都から来る国司がその地域の政治的軍事的トップに立ち、地方豪族の側の男女が運命を狂わしていくのだ。

彰考館蔵の「もろかど物語」（『室町時代物語大成　十三巻』所収）にも、国司が地方豪族の若き夫婦を引き裂き、妻を奪い、夫を窮地に陥れる話がある。夫は多勢に無勢、戦に破れ、出家し、奥州から京都まで霊地を点々とたどり、そのまた後を、国司の手を逃れた妻のるりこ姫（国会図書館蔵の写本では浄瑠璃姫）が追っていく。手がかりは夫の残した和歌を便りにという展開は「短冊の縁」とよく似ている。

二人がようやく出会えたのも「短冊の縁」と同じ善光寺の門前で、ただし夫はすでに亡くなっていた。妻の悲嘆に、塩竈明神、清水の観音、からたせんの地蔵、はつかさきの阿弥陀が現れ、夫を生き返らせてくれる。夫は都に上り、宣司を得て、国司を滅ぼす。出会いの寺善光寺に入れるべきかどうか、善光寺参拝の情景はなく、国会図書館蔵の写本なら善光寺縁起が語られてはいるがどうしようかと、少々迷うところではある。

「短冊の縁」では悪役の国司を滅ぼすのは、花わ殿ではなく、姫の夢に現れた稲荷の神であるが、どちらの物語も、上位にある中央からの国司を、地方豪族が圧倒していく中世らしい物語ではある。

源頼朝　善光寺で一目惚れ

もう一つ、善光寺の出会いが生んだ恋物語がある。

鎌倉幕府の将軍源頼朝が、長野市松代の雨蔵《あまかざり》城主の娘お安姫に一目惚れしたという伝説で、二人の出会いの場は善光寺だった。

杉村顕《あきら》の『信州の口碑と伝説』（昭和八年刊）が伝える伝説をあらすじで。

頼朝が建久八年四月、善光寺に参拝した折に、雨巌城主の姫君お安姫もちょうど善光寺に参拝していた。頼朝は姫君の若く美しい優雅な姿に心を奪われ、そのまま鎌倉に連れ帰った。

頼朝はお安姫を深く寵愛したが、お安姫は正妻の政子の嫉妬を恐れ、子が生まれたら殺される、子が生まれないようにと、庭の紅梅に「実を結ぶな、実になるな」と祈った。お安の必死の願いが通じたのか、紅梅はその時から実を付けなくなったという。

建久十年の頼朝の死後、お安はなつかしい故郷にもどり、松代町御安町《ごあんちょう》の別荘に、鎌倉から移し植えた紅梅をめでつつ暮らしたという。


短い伝説ではあるが、善光寺で一目惚れとは、出会いの寺善光寺に彩りを添える恋物語が、実在の頼朝がらみで一つふえた。

ところで頼朝、建久八年、一一九七年に本当に善光寺に来たのかどうか。

歴史書『吾妻鏡』に記録があればうれしいのだが、残念ながら『吾妻鏡』は七年から九年までの三年間が欠けている。が、来たという根拠がないわけではなく、頼朝の家来の相良《さがら》氏の記した古文書に、建久八年の法要に頼朝が善光寺に来たことが書かれている。これは県立歴史館のホームページにある。

　これだけでなく、頼朝と善光寺の縁は深い。治承三年、一一七九年の善光寺の焼亡は『平家物語』にも描かれる事件だったが、頼朝は復興に協力するよう、しなければ所領を召し上げるという強い調子の命令を信濃に出した。これは『吾妻鏡』の文治三年、一一八七年七月の記録としてある。

　また、甲斐善光寺にある頼朝の最古の木像はもともとは長野の善光寺にあったともいう。木曽義仲と対峙した時、義仲は北信濃の信濃町に、頼朝は善光寺近くに陣を敷いたという話もある。馬に乗ったまま善光寺に参詣しようとして馬が動かなくなったという駒返橋の伝説や、長野市中御所の観音寺や後町の十念寺は頼朝の創建であるという伝承も残っている。

　頼朝と善光寺の浅からぬ縁を語る歴史や伝承があるからこそ、善光寺で松代の美女に出会い、一目惚れという伝説も生まれたのであろう。

　実はこの話、江戸期の古い伝承が残っている。

松代藩士の落合保考が『つちくれ鑑』に紹介したもので、宝永三年、一七〇六年の出版。

お安姫は頼朝の人質だったというのだ。源頼朝が木曽義仲討伐のために善光寺に陣を敷いていた頃の物語で、頼朝が近隣の情勢をくまなく調査させると、松代の尼巌城《あまかざり》は天然の要害の上に、城主だった夫亡き後、領主をつとめる尼君がまことに傑物。力を恐れた頼朝は娘のお安の前を、美女ゆえに心動かされたという表向きで、人質に取ったという伝説なのだ。

善光寺での出会いも、一目惚れも、鎌倉に連れ帰る話もない。

宝永の人質物語から、昭和の善光寺の出会いが生んだ一目惚れ伝説へ。おもしろいなと思う。やはり善光寺、出会いへと、引きつけていく磁力がありそうではないか。

忠岳《ちゅうがく》　善光寺での出会いから転生

善光寺出会いの物語に少し雰囲気の変わった転生譚《てんせいたん》がある。きっかけは善光寺での衝撃の出会いなのだが、現代の感覚では転生ということ自体がリアルではなくなってしまった。それはそれとして、善光寺の出会いが、人生を変えるこんな物語を生んだことも入れておきたくて。

さて、主人公は経聖《きょうひじり》の忠岳。忠岳は、善光寺で、信濃守護《しゅご》の小笠原政康《まさやす》の、きらびやか行列に出会い、自分の人生が情けなくなった。このまま生き続けるより、小笠原家に生まれ変わりたいと、運命を来世に賭けて犀川に身を投げる。そんな物語が、「小笠原系図」に出てくる。原文は漢文なので、口語訳で。

宗康《むねやす》は政康の次男で、母は春日家の娘。宗康は十歳で元服し、松尾五郎と名乗る。左京の大夫。この宗康は、不思議な生まれ変わり人である。

六十六部《ろくじゅうろくぶ》の経聖の忠岳が、善光寺に参籠した時、小笠原政康が五、六百騎の堂々といかめしく立派な姿で善光寺に参詣した。聖はこれを見て深く感じて言った。人間として生を受けるなら、このように立派でありたいものだ。忠岳の生涯は頭陀《ずだ》の藤笈《おい》を掛け、流浪行脚したが、まったく無益であった。このさい転生して小笠原家に生まれよう。そこで善光寺の御堂の後に石塔を立て、忠岳の文字を彫りつけて、犀川に身を投げた。

その夜、政康の妻は経聖が胎内を借りる夢を見て懐妊、男子を産んだ。その子は手を握って生まれた。開いてこれを見ると、手のひらに忠岳の文字があった。非常に不思議に思い、善光寺の石塔を見ると本当に忠岳の文字があった。長じて宗康《むねやす》と名乗った。

（『群書系図部集　第三』の「巻一二四　小笠原系図」）

六十六部と呼ばれ、経聖とも呼ばれるのは、法華経を六十六部写経して、全国六十六か所の霊場に、一部ずつ納めてまわる回国の僧のこと。志はまことに殊勝なのだが、実際は乞食に近い旅暮らしである。

忠岳もその経聖で、善光寺に法華経一部を納めたら、また次の霊場へとぼとぼと、喜捨を受け物乞いで命を支えながら歩いていくはずだったが、善光寺で、小笠原政康《まさやす》に衝撃の出会いをしてしまった。同じ人間と生まれながら、片や堂々たる五、六百騎の武士を従えた信濃の守護《しゅご》である。それに引き替え自分は、経聖となり功徳を積んでいるはずなのに、実際の有様は乞食同然の惨めさである。もうこれ以上続けても何の利益もない、さっさとこの世に見切りをつけ、小笠原家に生まれ変わろう、来世に賭けようと決断。後の証拠のために善光寺のうしろに石塔を立て、忠岳という自分の名前を彫りつけて、犀川に身を投げた。そして念願はかなった。その夜、政康の妻の夢の中で、経聖忠岳は「胎内を借りるよ」と告げて、みごとに小笠原家の子息宗康に生まれ変わったという物語なのだ。

忠岳が確かに転生したという証拠は、赤ん坊がしっかり握って生まれてきた手のひらに忠岳という文字が書かれていたこと。懐妊した時の妻の夢もあり、善光寺の石塔を確かめに行くと同じ忠岳の文字があり、重ね合わせて、宗康の前世は確かに経聖の忠岳だったなと納得したという不思議な話である。

おもしろいのは、この不思議な転生譚が、実在の人物に結びついていること。政康は永和二年、一三七六年に生まれ、嘉吉二年、一四四二年に亡くなった信濃の守護。次々に起こる戦いに勝利し、民政にも優れ、兄の長秀が二十五年前に失った信濃守護の地位を、再び小笠原家のものとしたという歴史上の実在人物なのだ。政康の死後、小笠原家には相続争いが起こり、政康の子息の宗康と、それに納得しない従兄弟の持長が争う漆田の戦いが起こった。漆田は現在の長野市中御所のあたりだというから、これもまさに歴史の一ページ。

この歴史事実に、善光寺の衝撃の出会いから生まれた転生という不思議が合体した転生譚。人間が前世、現世、来世と、永遠に輪廻《りんね》転生《てんせい》していくという仏教的世界観が薄れるとともに、生まれ変わりの話は真実味を失ってしまったが、輪廻を信じる時代であったなら、不思議な話として人から人へ語り伝えられたのかもしれない。

あるテレビの旅番組で、旅人の日本人を、我が家へ招き入れてくれたブータン人の、別れの挨拶が印象に残っている。「また来世でお会いしましょう」。袖すりあうも他生の縁というが、ブータン人は来世を信じているのだと、あざやかに感じた一瞬だった。初対面でも、外国の旅人でも、こんなに意気投合するからには、きっと前世で縁があり、来世でも会いたいなと、ブータン人なら思うのであろう。「ではまた来世で」、なんとも印象に残る挨拶だった。

チベット仏教でも、今も、生きとし生きるものはすべて輪廻転生すると考えられているようだ。肉体は死とともに滅びるが、魂は滅びることなく永遠に継続する。死後もう一度人間に生まれ変わるとは限らないが、悟りを開いた者は次の世も人間に生まれ変わり、すべての生きとし生きるもののために働き続ける。ダライ・ラマ法王もその一人であり、一九三三年に亡くなったダライ・ラマ法王十三世の生まれ変わりが、一九三五年生まれの現在のダライ・ラマ法王十四世なのだという。

忠岳の話も、ブータンやチベットの人であったなら、今の日本人よりずっと共感をよぶ、出会いと転生の物語であるに違いない。

第三章　出会っても出会えなくてもドラマ

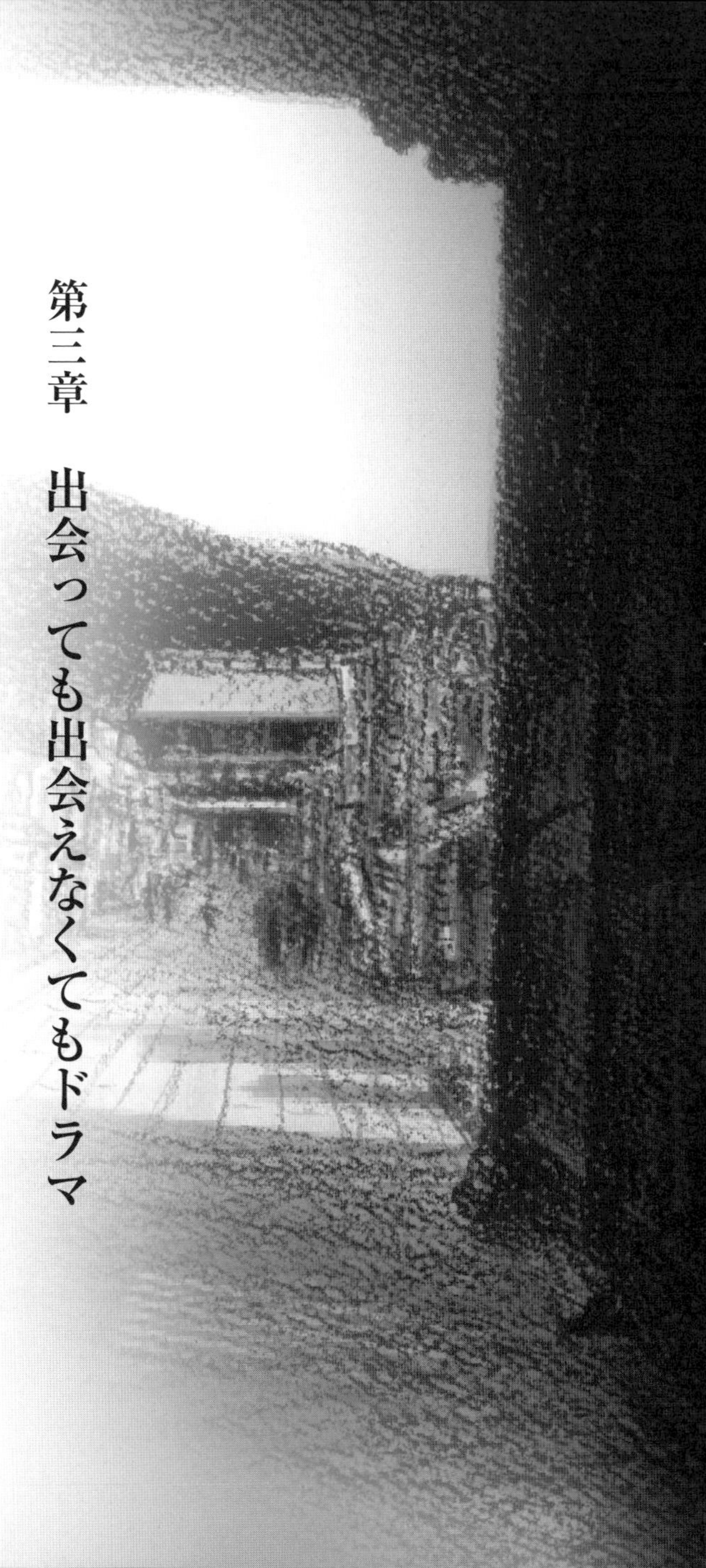

一　森鷗外　会いたかったのに会えなかった

善光寺でお虎を思う

森鷗外は六十歳の人生で、テーベス百門の大都と讃えられる膨大な仕事を成し遂げた。陸軍軍医となって陸軍省医務局長まで上りつめ、それと並行しながら、医学界文学界の両分野のジャーナリズム活動も旺盛に展開、現代小説や歴史小説にも名作を残し、詩や短歌も、膨大なヨーロッパ文学の翻訳や紹介もと、驚くほどの多方面に膨大な仕事を残していった人だった。

その鷗外が二十歳の若き日、善光寺で会ってやりたいと思う人がいた。

会うというより、その人は、鎌倉時代の歴史書『吾妻鏡』に登場するお虎という女性だから、その人の庵の跡なりと訪ねてやりたいと思ったのだが、さて、善光寺界隈で聞いてみても、お虎の庵がどこにあるか、知るものはいなかった。

会ってやりたいと思いながら、出会えなかった鷗外の思いは、七言絶句の漢詩ににじんでいる。訓読してみる。

落日の紅《くれない》　古《こ》柳《りゅう》の枝に残り
唄声旛影幽思《ばいせいはんえいゆうし》を動かす
当年のお虎庵は何処《いずこ》ぞ
世《せ》上《じょう》　数奇《すうき》を憐れむ人なし

落日の紅が残る柳の古木は善光寺境内であろう。本堂に高く低く流れる仏を讃える読経が、幾筋もの幡が、静かなる思いを動かす。昔のあのお虎は、出家し善光寺へ赴いたお虎の庵は、どこにあるのだろうか。だが、問いかける鷗外に、だれ一人答える者はない。もはや、お虎のたどった数奇な運命に、哀れを催す人はいないのだろうか。

この詩を作った時、鷗外はまだ二十歳という若さだった。明治十四年十二月に、陸軍の軍医としての人生をスタートさせて、そろそろ二カ月になろうかという明治十五年二月十三日、徴兵検査に立ち会うため、初めての長期公務出張の旅に出た。東京からまず栃木に入り、それから群馬へ。二十四日に碓氷峠を越えて長野県に入り、追分の油屋に泊まり、上田の植村に二泊した。

当時はまだ汽車がなかったから、川船のあるところは船にのり、人力車や馬車も使い、碓氷峠は馬で越えている。足を頼りに行くところも時にはあったであろう。もちろん一人ではない。陸軍の徴兵検査のチームで移動していたが、鷗外の旅日記「北游日乗《ほくゆうにちじょう》」には仕事のことも、チームのことも、いっさい書かれていない。まるで一人旅かのように、たどった道を淡々と書きつづり、特に心を打たれたことはおのずから漢詩になるという旅日記。

二月二十七日は上田から長野への移動日で、日記にはこうある。文章は口語訳、漢詩は訓読で。

二十七日　風勁《つよ》し　川中島を過ぎる　見渡すかぎりの砂の河原で所々に村がある

　風は寒沙を捲きて膚《はだ》を裂かんと欲す
　天を仰ぎ凝立《ぎょうりつ》すること幾嗟《いくさ》吁《う》
　河山は歴々として人安《いずく》にか在る
　猶《な》ほ店に翁有りて戦図《せんと》を売る

長野に着いた　裏権堂《ごんどう》にある英屋《はなぶさ》に宿る　善光寺に詣でる

　落日の紅《くれない》　古《こ》柳《りゅう》の枝に残り
　唄声播影幽思《ばいせいはんえいゆうし》を動かす

当年のお虎庵は何処《いずこ》ぞ
世上《せじょう》数奇《すうき》を憐れむ人なし

冒頭で紹介した善光寺でお虎を思う漢詩は、長野に着いて、権堂の道一本東側の裏権堂に宿を取り、それから善光寺に詣でた折の感慨であった。この日はその前に、戦国乱世の古戦場川中島を通ってきていた。そこで生まれた漢詩はおおよそこんな意味である。


烈しい風が寒砂を巻き上げ、肌に突き刺すように吹き付ける。

天を仰ぎじっと立ちつくし、嘆くこと、いくたびも。

山も川も歴然としてここに在る、だが、かつての戦国の両雄、謙信も信玄も多くの武将もいったいどこにいるのか。

それでも店があり、翁がひとり戦国の合戦図を売っていた。

わずかに翁一人であっても、戦国の絵図を売る者がいれば、そこにはおのずから縁《よすが》があり、忘れ去られてはいない証《あか》しにもなる。

だが、お虎の庵跡は、だれ一人覚えているものがなかった。お虎の数奇な運命を憐れと思う人情が続いていれば、庵も忘れ去られはしない。鷗外は庵とともに忘れ去られたお虎があわれだった。

鷗外が善光寺で思ったお虎は、『曽我物語』に描かれて一躍有名になった曽我十郎祐成《そがのじゅうろうすけなり》の思い人。大磯のなじみの遊女だったが、十郎は弟の五郎とともに父河津祐通《かわづすけみち》の敵《かたき》を討ち果たし、みずからの命も落とした。虎はその十郎に殉じて、十九歳の若さで髪を切り、善光寺へ赴いた。

鎌倉時代の歴史書『吾妻鏡』は曽我十郎と五郎の敵討ちをおおよそこのように書いている。

曽我十郎は九歳の時に父を殺された。以来、弟の五郎時致《ときむね》とともに、父の仇・工藤祐経《すけつね》を討つことに人生をかけてきた。祐経は鎌倉将軍源頼朝の寵臣になっていたから、討つチャンスはなかなか巡ってこない。建久四年、一一九三年、ついに大規模な富士の裾野の巻狩りのおりに、真夜中の祐経の宿に押し入り、宿願の仇を討ち果たした。

将軍の巻狩りには大勢の武士がいる。騒ぎを聞きつけ、斬り合いとなり、十郎は多くの者に手傷を負わせたが、ついにその場で斬り殺された。五郎は討たれることなく、堂々と将軍頼朝の前に推参、とらえられ、後に処刑された。

これが『吾妻鏡』の語る敵討ちの顛末である。

お虎の庵跡と伝えられるところに建つ虎石庵之記。武井神社の北隣にある

お虎のことも『吾妻鏡』は書いている。

おおよそこのような話である。

六月一日のくだりに、お虎も共犯ではないかと調べられたが、話を聞けば無罪ということで放免された。

六月十八日のくだりに、お虎が亡き夫十郎の三七日の法要を箱根山別当行實坊で行い、葦毛《あしげ》の馬一頭を布施した。その馬は十郎が最後の別れの時、お虎に与えた形見だった。お虎は法要が終わるとその場で出家し、信濃の国善光寺に赴いた。十九歳だった。見聞の者は僧俗ともに涙をぬぐわぬ者はなかった。

『吾妻鏡』のお虎や十郎の話は、やがて本一冊にもなる長い長い物語に発展し、真名本、大石寺本、仮名本などの『曽我物語』として人々に愛されていった。歌舞伎の正月興行の定番となる『寿曽我対面《ことぶきそがのたいめん》』や『助六由縁江戸桜《すけろくゆかりのえどざくら》』などの人気演目にも取り込まれていく。

鷗外は博覧強記の読書家だから、それらの物語ももちろん承知していただろうが、『曽我物語』のお虎は、善光寺ばかりではなく、熊野や天王寺など各地の寺々を巡拝して菩提を弔い、人生の最後は大磯の庵で安らかに往生の時を迎えたと描く。地域的広がりと長い時間の経過の分だけ、善光寺とお虎の結びつきは印象が淡くなる。

遍歴する『曽我物語』のお虎を思うか、それとも善光寺一筋に消えていく『吾妻鏡』のお虎を思うか。

鷗外はどちらでも自在に空想できたはずではあるが、善光寺参拝のおりにお虎の庵を訪ねたいと心が動いたのは、やはり『吾妻鏡』の一節、「今日出家を遂げ、善光寺に赴く。時に年十九歳なり」というフレーズが鷗外の心に浮かんでいたからにちがいない。

善光寺に消えていったお虎と、善光寺本堂の荘厳の中でお虎を思う鷗外。『吾妻鏡』のお虎と「北游日乗」の鷗外が善光寺で交錯する。その一瞬が思われてならない。

鷗外　十九歳の挫折

じつは鷗外も、お虎が黒髪を断ち切ったと同じ十九歳で、人生初めての大きな挫折を経験していた。

鷗外の妹の小金井喜美子（東京大学教授小金井良精の妻で、小説家星新一の祖母）がこのころの兄の姿を随筆に書き残している。

お兄様は早く大学を卒業なすったのですが、まだ若いから何か今一科勉強したいとお思いになっても、経済上の都合もあってそうもならず、陸軍へ出たらと勧める人もありますが、同級生が貸費生としてはや幾人か出ているのに、階級のやかましい処へ今更どうかともお思いになるので、お気の毒にも思案に余っていらっしったのでした。

（「くずもち」『鷗外の思い出』所収）

鷗外が卒業したのは東京帝国大学医学部で、明治十四年七月、最年少の十九歳だった。それから十二月まで、どこにも就職を決めず、家にいた。できれば医学部以外の学部で学びたいという思いもあったが、森家の家計を思えばそれもならず、まるでニートのように家にこもって、父の医院を手伝ったり、気が向くとふいと散歩に出る。「おい、行かないか」と庭で遊んでいる喜美子に声をかけ、さっさと歩いていく。喜美子は遊んでいたものを放り出して、一生懸命ついていく。兄はほとんど無言だし、茶店に入ったりしても、じっと考え込んでいる。喜美子は邪魔しないように、そっと一人で遊んで待っている。

この時、喜美子は八歳。そんなにも幼いころの記憶なのに、心に屈託を抱えた兄鷗外の苦しさが伝わってくる。鷗外は本当は留学したかったのだ。鷗外の医学部卒業成績は八位だったが、最年少の強みがある。可能性は高いはずだった。

中井義幸の『鷗外留学始末』によると、明治十二年の医学部一回目の留学生選抜の基準は、卒業試験の成績が十位以上であること、最年少であることの二点だった。第二回目も同じ基準で選ばれたが、三回目の鷗外が卒業する年は、なぜか年齢は考慮されず、成績のみで、主席と二位が留学生に選抜された。卒業後すぐの七月十五日に発表されていたが、あるいはもう一、二名、留学生がふやされるかもしれない。最年少の鷗外はその可能性に希望をつなぎ続け、就職を決めず、家にこもっていた。

しかし、周囲の強い勧めがあり、八月二十七日に陸軍に提出する履歴書を書いた。履歴書は森家の親族の大物西周《にしあまね》の手をへて、軍医総監林紀《はやしつな》ルートにのり、就職の手続きは進んでいった。それでもなお鷗外は留学をあきらめきれず、最終的な決断を保留して、留学生の正式発表を待った。十月にはと思っていた時期も過ぎ、十一月二十日、鷗外の方から医学部長を訪ねた。選ばれるかどうか、直接尋ねに行ったのだが、答えは夢を断ち切るものだった。

撰法は試《し》撿《けん》成績ヲ主トス。所詮《しょせん》卿《おんみ》ノ番ニナル可《べか》ラズ。断念シテ然《しか》ル可《べ》シ。
（『鷗外留学始末』）

明治14年、東京帝国大学医学部を卒業した19歳の森鷗外。左から2番目が鷗外（文京区立森鷗外記念館所蔵）

夢の挫折。きわめて俊秀な鴎外にとって、人生初めての挫折だったのではなかったか。

留学の夢をあきらめるしかなかった鷗外は、明治十四年十二月、陸軍省へ入り、陸軍軍医副（翌年陸軍二等軍医と改称）に任官、東京陸軍病院に配属された。この立場の軍医にはもう一つ主要な任務があり、各地をまわって徴兵検査を行うことになっていた。鷗外も翌十五年の二月十三日に、徴兵副医官として、冬の上信越を巡る旅に出発した。

それに先立つ二月四日、鷗外の果たせなかった留学の夢に胸をふくらませて、二人の同期生、一番、二番で卒業した三浦守治、高橋順太郎が横浜港を出帆していった。

鷗外は思い出せば眠れない。明日は碓氷峠という夜、泊まった安中の宿はものさびしく、破れた窓から冴え渡る月がさし込んでくる。眠れぬままに、即興の漢詩などを口ずさんでいるうちに、暁近くになってしまった。

羈官吾飲寒山馬
得意人攀絶海船

羈《き》官《かん》の吾《われ》は寒山の馬に飲《みずか》い　得意の人は絶海の船に攀《よ》ず、と読むのであろう。同じ官命の旅とはいえ、鷗外は淋しい冬枯れの安中で馬に水を飲ませ、留学の夢がかなった友は遠く西欧への海をいく。

鵰外の挫折の苦さが胸を打つ。

翌二十四日、鷗外の一行は碓氷峠を越え、二十七日、長野へ到着。善光寺に詣でて、お虎を思い、庵跡を訪ねてやりたいと思うという流れになる。安中での漢詩を読み、そしてお虎の漢詩を読めば、留学の夢を断念せざるをえなかった鷗外と、恋人のために人生を断念し出家したお虎がダブって見えてくる。

お虎は恋人に　鷗外は親に

お虎は恋人に殉じて十九歳で出家した。鷗外も親のために十九歳で陸軍入りを決意した。本当は満と数えの違いがあるのだが、あえて、同じ若さ、同じ十九歳と思いたく。

鷗外が陸軍に入ると決めた時、両親や家族がどんなに喜んだか。やはり小金井喜美子が「森於菟に」(『森鷗外の系族』所収)の中に詳しく書いている。

陸軍へお出になると決まってから、新しい軍服や付属品が次々に届くのが皆の気分を明るくしました。金銀のモオルの付いた礼服はきらきらと綺麗でした。初めて拡げて見た時、「なかなか目方のあるものだね」お祖母《ば》あ様は珍しそうに袖を持ち上げておっしゃいました。（中略）お父う様はすっかりお喜びで、人力車を一台新しくこしらえさせ、それも光るのは卑しいと艶消《つやけし》に塗らせ、背を張る切地の色を選んだものでした。（中略）お兄い様の服が出来ると一所に車夫の仕度も新調です。紺の半被《はっぴ》、股引《ももひき》、腹掛《はらがけ》、それから饅頭笠《まんじゅうかさ》とでもいいますか、その頃郵便脚夫《きゃくふ》の被《かぶ》ったようなので、やはり紺の切れが張ってありました。足袋《たび》もゴム底などあるはずはありませんから、厚い刺子《さしこ》でした。毎朝それを身に著けてお供をするのです。（中略）お出かけの時は家中揃《そろ》って見送ります。（中略）夕方車夫の掛声《かけごえ》勇ましく「お帰り」といって車の音がひびきますと、弟を真先に誰れも誰れもが駆け出します。

鷗外の就職決定がどんなに家族みんなの気持ちを明るくしたか。妹の思い出にあざやかである。

鷗外の父は、「やっぱり林《りん》は普通の子ではないねえ。己《おれ》たちの子としては出来過ぎている。どうか気を附けて煩《わずら》わぬようにしなければならないよ」と言っていたという。父が

「林」と呼ぶのは、鷗外の本名が林太郎《りんたろう》ゆえの家族の愛称。

母も長男林太郎には特別に気を遣う。たとえば毎日の弁当もそうだった。

役所でのお弁当はお握りでした。朝炊《た》きたての御飯を大きく握ってざっと焼き、お醤油を付け、かわかしてから中を開き、入れるのは灼《い》り玉子、めそのよく煮たのなどです。いつもきまって二つでした。それを竹の皮へ包んでお持ちになります。それはお母《か》あ様がなさるので、決して女中などにはおさせになりません。（「森於菟に」）

「めそ」は細く小さなウナギのこと。鷗外は太いウナギは脂っこくて好みではなかったが、「めそ」を佃煮風に煮付けたものは好きだった。弁当がお握りといえば粗末に思う人もいるが、衛生的にも神経を遣い、割ってみれば、贅沢な具だくさんのお握りで、役所の仲間も驚いていたという。

就職が決まった時の家族の喜びの大きさといい、朝晩の見送りや出迎えといい、弁当の気遣いといい、日々すべてに絶大な期待を背負った若き日の鷗外。鷗外を『鷗外 闘う家長』と呼んだ山崎正和もいる。鷗外の人生は鷗外一人のものではなかったのだ。父や母のため、弟や妹のため、森家のため、十九歳の鷗外は一つの夢を断念し、家族のために決断していかなければならなかった。

恋人に殉じ、十九歳で黒髪を切ったお虎。

家族のために、十九歳の夢を断念した鷗外。

鷗外は善光寺で、恋人のために人生を断年したお虎の庵を訪ねてやりたかった。若き日の断念が幾重にも重なる出会いを、善光寺はかなえてはくれなかったが。

二　夏目漱石　会いたくなかったのに出会ってしまった

出会いたくなかった漱石

夏目漱石は妻同伴の講演旅行を見られたくなかった。それなのに、善光寺はやはり出会いの寺。明治四十四年六月の十八日、朝の善光寺だった。

かたわらには妻がいて、どうやら漱石はニコニコしながら妻と一緒に善光寺から出てきた、というふうに見られてしまった。照れ性の漱石としては、知り合いに出会いたくなかったのだが、思いがけずも東京朝日新聞社の同僚記者が向こうからやってくるではないか。

漱石が妻同伴で長野に来たのは信濃教育会の講演会に招かれたからだったが、来るについては妻との間にかなりの摩擦があった。

漱石としては長野は初めてなので行ってみたいのである。しかし、前年の四十三年八月に修善寺で大吐血して、三十分の死といわれるほどの一大事を経験していた。それを思えば妻は絶対に反対なのである。

大吐血のひと月ほど前、七月末には胃潰瘍は治ったはずだった。退院も許され、保養の

長野市へ旅行した頃の夏目漱石（日本近代文学館所蔵）

ために修善寺まで行くのも、医者が大丈夫だと言ってくれたから出かけてきたのだが、何が悪かったのか、温泉に入るたびに胃けいれんが起こり、吐くものに血がまじる。

　漱石は四十年から東京朝日新聞社の社員になり、専門に小説を書いていた。心配した新聞社が、修善寺に社員の坂元雪鳥とかかりつけの長与胃腸病院の森成麟造医師とを派遣してくれた。妻もかけつけた。万全な態勢だったはずなのに、八月二十四日、大吐血は起こってしまった。三十分の死、漱石にはその間の記憶がない。

　けれどもその日、東京から様子を見に杉本副院長も来ていて、同じ宿に泊まっていたので、ただちに医者二人の必死の救命措置が取られ、漱石は命を取り留めた。
九月八日、再び日記を漱石自身で書けるようになった。もちろん、寝たままの状態で書くのだが、吐血後初めての句も三句、自然と出てきた。

別るゝや夢一筋の天の川

九月二十四日の日記には、「腹へる。森成氏へ訴える。拒絶」とある。句も書き添えた。

生きて仰ぐ空の高さよ赤蜻蛉《あかとんぼ》

吐血後はずっと絶食だったが、八月三十一日にはじめてスープを少量許された。それから少しずつ少しずつ、ビスケット少々、くず湯少々、重湯、オートミール、卵豆腐、ミルク、粥《かゆ》、さしみ、と少しずつ、許されていった。十月四日の日記に、腹にしみわたる粥のうまさを一句。

骨の上に春滴《したた》るや粥《かゆ》の味

この句は後に、上五だけ変え「腸《はらわた》に春滴るや粥の味」の形でエッセイにのせている。十月十一日、どうやら動かせるまで漱石は持ち直した。釣りベットのようなものを用意し、寝かせたままの状態で、大勢の手を借りて修善寺から馬車にのせ、汽車に乗り換え、東京に移動させ、そのまま長与胃腸病院に再入院して四カ月余。退院にこぎ着けたのは、年が変わった明治四十四年二月下旬。

その間、妻の鏡子はどれほど心配させられたことか。そこへ信濃教育会からの誘いがあり、諏訪出身の伊藤長七がくどきに来る。六月の講演会だという。退院してまだ四カ月にもならない時期だったので、長時間、汽車に揺られて行けば、またどんなことが起こるか、鏡子は絶対反対だった。

鏡子の『漱石の思い出』に書かれたその時のやりとりをピックアップしてみる。

「せっかくなおった体をいけなくするようなことがあってはいけない」

「ナーニもうだいじょうぶだ。心配することはない」

「そんなら私も一人旅をされてどこでどう病気をされないものでもなし、家に留守居をしていてもそんなことを考えては不安でなりませんので、ついて行く」

「女房なんか連れてゆくのはいかにもみっともよくないからよせ」

こんなやりとりに、子どもの往診にきたホームドクターもまきこまれた。ホームドクターに、「いいえ、そんなことは決してございません。僕の先生の弘田博士なんかは、講演にいらっしゃる時には、きまっていつも奥さんとご一緒です」と言われてしまい、結局、漱石の負け。初めての

漱石の妻、夏目鏡子。長野市への旅で、初めて夫の講演旅行に同伴した（日本近代文学館所蔵）

妻同伴の講演旅行となった。日記にこうある。

六月七日（水）伊藤長七来、愈《いよいよ》長野の教育会へ出席の事を諾す
六月十七日（土）愈《いよいよ》細君の同行にて長野行

漱石はそれでも、ただ講演に付いて歩くだけでは細君に気の毒と思ったのだろう。十八日の講演前に、二人連れだって善光寺に参詣した。もしも漱石一人だったら行ったかどうか。細君は信心深い迷信家なのだが、漱石の好みは違う。境内をぐるりまわって門前までもどったところで、東京朝日新聞社の松崎天民《てんみん》に出会ってしまったのだ。

さすがは出会いの寺善光寺。

漱石はこの時期、日記をつけていたが、出会ってしまったことは何も書き残していない。鏡子の方は出会いを隠そうとも思わないから、『漱石の思い出』にこう述べている。

ちょうど善光寺の門前で松崎天民さんにぱったり行きあいました。私は存じた方ではなかったのですが、その後間もなく松崎さんの書かれた紀行文か何かの中に、善光寺

の門前で白チョッキに麦稈帽《むぎわらぼう》で、細君を連れてにこにこやってくる人がある。誰が笑ってるのかと思ったら夏目漱石だったとか何とか書かれてしまいましたので、それ見ろ、こう書かれるとみっともよくないだろうとか何とかいっていたことがありました。

漱石としては「小学校の先生の集まってる中に、女房なんか連れてゆくのはみっともない」という情景は予想していたが、まさか、朝の善光寺で、同じ朝日新聞の同僚記者に出会うハプニングが起ころうとは。

やはり出会いの寺の威力であろうか。

出会いを喜ぶ松崎天民

天民にとっても、この出会いは予想外だった。

坪内祐三の『探訪記者松崎天民』（筑摩書房）からの孫引きで恐縮だが、天民の言葉を。

今朝の「信濃毎日新聞」に、四号標題《みだし》で、「夏目漱石氏の来遊」と書いてある傍に、同じ四号標題で、「松崎天民氏の来長」と出ていたには驚いた。昨夜の宿を出て、信毎社に行く途中で、其の夏目漱石氏にバツタリ出逢つた時には、何だか知ら少からず面食《めんくら》つた。

（中略）

「この方が社の松崎天民君」と、奥様に紹介された時は、ヘドモドして挨拶した。「昨夜はどこにお泊まりでしたか」と問はれた時には、汗を流して「あの桐生君と……」と答へたのみ。

じつは天民、育ちの良い奥様の前では言いにくいのだが、芸妓が三人もいて、相手をしてくれたり遊んだり涼しい風を送ってくれるようなところに泊まっていたのだ。「桐生君」は信濃毎日新聞社の主筆で、長野駅まで迎えに出てくれて天民を感激させた桐生悠々。短期間だが、朝日新聞で同僚だった二人は一緒に飲んだり話したり。だが、桐生は泊まらずに帰っていった。

坪内祐三は、天民の気持ちの中に、同僚というには違いすぎる漱石と自分を感じていたはずだという。かたや東京帝大を出て、イギリスに留学し、高給で朝日に迎えられた漱石である。かたや高等小学校中退で、転々と職場を変えながら探訪記事を書く天民自身である。しかし、漱石はまったく対等の同僚として振る舞う。優しいというか、立派というか、そんな漱石の人柄に天民は感動したにちがいないという。

漱石と天民の、ちょっと変わった出会いの光景である。

それにしてもよく出会ったものである。

天民は十日間の日程で、東京近県各地の避暑地を訪問して、おもしろい記事を書くのがこの時の仕事。中央線に乗って時計回りで、第一日目は上諏訪で取材して長野に泊まる。翌朝、善光寺門前で、思いがけず漱石に出会い、この日は軽井沢まで行って取材し高崎に泊まる。三日目は伊香保から前橋へという予定だった。

漱石は上野から長野に来て、この日、午前中、県会議事院で講演し、午後は新潟県の高田に移動。高田は、修善寺でずっと付き添ってくれた恩人森成医師の故郷。森成さんはこの四月に故郷に帰り開業し、漱石が長野に来ると知って、わざわざ犀北館まで呼びに来てくれたのだ。というわけで高田の森成家に二泊させてもらい、その高田でも講演を頼まれ、松本経由の諏訪でも講演を頼まれてと、時計の逆回りで移動していった漱石。

旅先で出会うのは、約束していてもけっこう難しい。それなのに、互いに旅に出ているとは知らない二人が、交差するとしたら善光寺の門前だけというような一点で、よくぞ出会ったものではないか。
やはり善光寺は出会いの寺。
後日談になるが、天民は最愛の妻を大正二年十一月に亡くした。天民の妹が腸チフスにかかり、妻も、三人の子どものうち二人まで同じ病気で入院し、妻は助からなかった。新聞でそれを知った鏡子が漱石に話し、漱石は心あたたまるお悔やみの手紙を書いた。

拝啓、私は今日の新聞に出てゐる御不幸の広告と雑報欄に気がつかないで晩まで居りました。夕飯のとき妻から注意されて始めて御令閨が亡くなられた事を承知致しました。御弔詞を申上るために参上致さうかと思ひますが御繁多の折柄（中略）かへつて御面倒な事と存じわざと差控へ失礼ながら手紙で御くやみ申述べます。病院に御出の子供さんを慰めるため妻が何か差上たいと申しますが、子供さんの年が分らないのと、それから病症が病症なので一切のたべものを御送り致す訳にも参らないので思案してゐます。

（大正二年十一月十二日）

漱石は子どもの年齢も聞いた。子どもの年に合うような何かを送ってやりたいと思ったのだ。母を失ってかわいそうでならないという漱石夫婦の心遣いに、天民はたいそう感激し、十二歳、八歳、他に家に四歳の子がいると書き送った。間もなく漱石から「回転活動写真機と自動車運動と積木道具」が送られてきた。三人ならばオモチャも三つという漱石夫婦の心遣いであった。

もしも善光寺で出会っていなければ、鏡子は新聞に目をとめなかっただろうし、多忙な漱石も知らずに過ぎてしまったかもしれない。

これもまた出会いの寺の、心あたたまる余韻である。

三　正岡子規　臼の上の野茨《のばら》　臼の上の御仏

漱石の長野からちょうど二十年前、親友の正岡子規が善光寺に参詣していた。明治二十四年の六月だったから、月まで漱石と同じ六月だった。

子規と漱石は肝胆相照らす友である。

子規と出会わなかったら、漱石は、俳人漱石といわれるほど俳句に親しみはしなかった。あるいはもしや、子規の願いがなければ、漱石は小説家になっていたかどうか。

漱石は人生の大事な分かれ道で、誰か、背中を押してくれる人がいたという。子規もその一人で、子規は外国が見てみたかった。結核で夢はかなわず、病床六尺の世界に縛られながら、漱石のロンドンを知らせて貰いたがっていた。漱石は忙しい時間を割いて、まことに生き生きと臨場感あふれるロンドン便りを送ってきた。子規は感動し、そのまま俳誌「ホトトギス」に「倫敦消息《ロンドンしょうそく》」として掲載した。

これがいわば、小説家漱石のスタートといってもいいかもしれない。子規はもっと書いてくれと、病苦と闘いながら、ロンドンの漱石に訴えてきた。その真摯《しんし》さにうたれながら、漱石の留学生活も多忙であった。本を買い込み下宿に籠城し文学論の構築に追われていたから、返事だけは出したものの、子規の思いの切実さに応えてやれないうちに、子規は亡くなった。

明治三十五年九月、むなしく待って待てずに死んだ子規。せめて、その墓に、漱石は『吾輩は猫である』をささげたいと思った。『吾輩は猫である』が、子規の待っていた「倫敦消息」の代わりになれるものかどうか。子規の返事が聞けるわけもないが、せめてもの思いを込め、生死をこえて贈った漱石の思いだった。

こんなにも因縁ふかき漱石と子規である。

明治24年、善光寺を訪れた頃の正岡子規（松山市立子規記念博物館所蔵）

子規の善光寺は東京帝国大学の期末試験の真最中だった。だが、子規は放棄した。漱石は心配し、子規が追試を受けられるよう教授に交渉し、子規に状況報告の便りも出している。当の子規はといえば、まるで暢気《のんき》に東京から名古屋へ、まるで芭蕉の『更科紀行』の旅を逆にたどるかのように旅をし、善光寺に参拝。その時の一句。

あれ家や茨花《いばら》さく臼《うす》の上

善光寺と荒れ果てた家、不思議な取り合わせに思えるが、子規の来る直前の六月二日、善光寺は大火に見舞われた。仁王門も大本願も院坊の大部分も、桜枝町、西の門、東の門の家々も長野学校もと、およそ五百棟も焼け落ち、千年の命のたとえにされる松の古木も焼けこげ、子規は、無惨な焼け跡に立つことになった。そして生まれた一句が先ほどの「あれ家や茨花《いばら》さく臼《うす》の上」。

猛火に襲われ、家は荒れ果て、納屋に納まるべき臼も焼け跡にころがっている。しかし、それでも、自然は命である。初夏を告げる野バラが臼の上で白い花を咲かせていた。不死鳥のような野バラの生命の力に感動した子規の一句がこれ。

「善光寺縁起絵巻」に描かれる善光の家の臼の上に安置される善光寺如来（長野県立歴史館提供）

そう思って読んでいたのだが、子規はこの句の前に、じつはこう書いていた。その上で句を添えていた。

本堂のみ屹然《きつぜん》として聊《いささ》かも傷《そこな》はざるは浪花堀江《なにわのほりえ》の御難をも逃れ給ひし御仏の力、末世《まっせ》の今に至るまで変らぬためしぞかしこしや。

あれ家や茨《いばら》花さく臼《うす》の上

試みに、口語訳してみれば、善光寺の本堂だけが高くそびえ立ち、いささかも大火に傷ついていないのは、難波の堀江に投げ捨てられ破壊されようとした難局を逃れられた御仏の力、その力が末世の今に至るまで変わらないことの証しであり、おそるべき霊力であることよ。

文章に添える一句は、文章で語った思いを、十七文字に凝集する。御仏の、大苦難を難波で越え、今また越えた「かしこき」力。その力を、猛火を越えて咲く臼の上の野バラに感じ取っての句ではなかったか。

『善光寺如来本懐』（『室町時代物語大成　第八巻』所収）などの縁起を見ると、善光寺如来は、日本に渡来したころ、仏教を拒絶する勢力によって、火にくべられ、叩き壊そうとされ、難波の堀江にぶち込まれたが、いささかも傷つくことなく光り輝いていた。そして、難波の堀江で本田善光に出会う日を待ち、ようやく通りかかった善光の肩に飛びつき、善光に背負われ信濃の国の善光の家に。その善光の家で臼の上に安置され、以来、ずっと臼の上にいらっしゃる。その縁起を子規は思い浮かべたのだと思う。

「臼」は大事な「ことば」だった。

猛火にも損なわれず臼の上に咲く野バラは、昔の難波の堀江の御難を越え、今回の猛火にも損なわれることなく静かに本堂の臼の上に立つ御仏そのものでもある。

「ことば」の表には野バラの自然の生命力を言い、「ことば」の奥に善光寺如来の力を秘める。
これこそが子規の句の本意だったのだ。
そう今は思う。

善光寺に別れを告げた子規は篠ノ井まで汽車でもどり、川中島の古戦場を汽車の窓からはるかに偲び、川の流量のあまりの少なさを案じつつ、麦畑もまた水不足に葉の緑を失っている様を心配しつつ、篠ノ井からは徒歩になる。

　日はくれぬ雨はふりきぬ旅衣袂かたしきいづくにか寝ん

一首ものして、この日は稲荷山に泊まり、まだ篠ノ井線も中央線も開通していない善光寺道、中山道を歩いて、故郷松山へ帰っていった。
子規がこの旅の紀行を『かけはしの記』と名付けたのは、芭蕉の『更科紀行』の中にある「桟《かけはし》やいのちをからむつたかづら」を意識してのものにちがいない。

芭蕉の善光寺の句は、「月影や四門四宗も只一ツ《ただひとつ》」。

子規は、「あれ家や茨花さく臼の上」。

どちらも善光寺を讃えながら、句の詠みぶりの違いが感慨を呼ぶ。

仏の力に頼るより、自分自身の力を信じて人生を切り開く明治の新しい風を胸いっぱいに受け、俳句、短歌、文章の革新に挑んだ子規が、思いがけず、御仏の力を感じる場に立つことになった善光寺。

これも一風変わった出会いの寺善光寺ではないか。

初めての喀血から二年、子規は元気だった。

四　一茶をめぐる幻の出会い

荻原井泉水《せいせんすい》　一茶の梨に出会う

昭和五年十月、荻原井泉水は善光寺の門前で一茶に出会った。

もちろん実際にはあり得ない。

一茶は文政十年、一八二七年に亡くなり、井泉水は明治十七年、一八八四年に生まれた。実際には会うことなどあり得ないが、一茶はたくさんの日記や句文集やを残している。本として出版されればますます便利で、百年でも千年でも簡単に飛び越え、知り合いにしてくれる。

『徒然草』の兼好法師は「文をひろげて、見ぬ世の人を友とする」喜びを語っているが、本さえあれば、遠い昔の一茶にも、唐の時代の李白や杜甫にも簡単に心を通わせることができる。「文字」を持ち「本」が残るありがたさである。

井泉水が一茶に目覚めたのは大正六年のころ、湯田中温泉の湯本旅館の湯本五郎治さんから一茶の遺稿や俳画を見せられてからであったという。その年は一夏、上林温泉に滞在

昭和初年、山ノ内町湯田中の湯本旅館に滞在中の荻原井泉水（神奈川近代文学館所蔵）

し、たまたま昼飯を食べに入った湯本旅館だったが、湯本家のご先祖、希杖《きじょう》と其秋《きしゅう》親子はともに一茶の門人で、まことに良い温泉が湧くこともあり、一茶はしばしば長逗留していた。

一茶は芭蕉以来の俳句の常識からすればかなり自由に句を作っているが、井泉水も五七五にとらわれない自由律の俳句を愛し、季語も必ずしもなくてもいいのではないかと考えるようになっていく。主宰した「層雲」からは尾崎放哉《ほうさい》や種田山頭火《さんとうか》ら、際立つ個性を輩出している。

そして井泉水は、一茶を、信濃の一茶から全国の一茶へ押し上げていった。芭蕉や蕪村と並び、しかも独特の力みのない個性を発揮した一茶を、広く全国に知らしめた功労者井泉水。

昭和五年に東京の出版社から一茶の遺墨集を出すことになったのもその仕事の一つで、北信濃の一茶の遺墨を所蔵している家々を訪ね歩いた。懇意になっていた人も多く、一茶の故郷の柏原、生母の実家のあった二の倉、三男をあずけた赤渋、門人たちのいた新井、湯田中、中野、浅野、長沼、高井と一茶ゆかりの地はもちろん、一茶の真蹟《しんせき》を所蔵している家があれば松本にまで足を伸ばし、カメラマンとともに訪ねては見せてもらい、本にのせる真蹟を選び出してカメラに収めた。

善光寺の門前に泊まったのも、この仕事の折だったが、井泉水は朝早く、お上人様より先に本堂に参拝。さわやかな朝の光を喜び、善光寺の門前までもどってきたところで、昔なつかしい梨に出会った。

その頃はもう新品種の二十世紀が盛んに作られ、店も目立つ場所に置くのは二十世紀だった。しかし、井泉水を引き寄せたのは奥の方にゴロゴロ放置されたも同然の日本在来種の梨だった。

幾分ごつごつした感じで、肩幅が広く、尻がすぼんで、ぶこつとも見えるし、そぼくとも見える（「善光寺」『一茶を尋ねて』所収）

在来種は芯ばかり大きく、もはやうまいとは思わなくなってしまったが、少年のころの井泉水はガリガリかじって、うまいなあと思っていた。昔なつかしい梨だった。買って宿にもどり、机の上にゴロゴロ置いてみると、ふと、浮かんできたのだ。善光寺で夢中になって梨を探しまわった一茶のことが。思いがけず、ふいに。

百二十九年も前のことなのだ。

一茶が夢中になって探しまわった梨は、こんなゴツゴツした、こんな武骨《ぶこつ》な梨だったのではないか。そう、あれは、享和元年、一八〇一年の五月十日だった。一茶は「父の終焉日記」にそう書いていた。

その日、一茶は善光寺門前で、大変な剣幕で梨を探しまわっていた。善光寺門前の、青物屋という青物屋に次々に飛び込み、乾物屋ももしやと探しまわっていた。たった一つでいい、いや半分でもいい、病気の父に、どうしても食べさせてやりたくて一茶は夢中だった。

所詮《しょせん》、五月に梨は無理。だが、どこかに、去年の梨を貯えてある家が一軒ぐらいあってもいいではないか。一茶は柏原の親戚といわず、知り合いといわず、血相変えて探し歩いたがどこにもなかった。善光寺なら諸国から人が集まる。梨の一つぐらいないわけがないと、ちょうど父の薬が切れて、善光寺の医師、塚田道有のところに薬をもらいに行かなければならない用もある。一茶は柏原を早立ちして、まずは薬を処方してもらい、それから必死に探した。

天を仰ぎ地に伏して探しまわる善光寺門前の一茶が、昭和五年の今現在、井泉水の目の前にいるかのように、あざやかに浮かんでくる。

一茶の父は悪性の傷寒《しょうかん》だった。

傷寒は腸チフスのような急性悪性感染症で、父は畑のナスに水をやっていて突然ひっくりかえった。すぐに呼んだ野尻の医者竹内迅碩《じんせき》は万に一つも助からないといった。それでもと善光寺のお抱え医師塚田道有を呼んで看てもらった。見立ては同じだったが、道有の薬が効いたのか、少し回復した父は、青梅が食べたいと言う、いやそれは毒だからだめだと言えば、それなら梨が食べたいと少し食欲が出てきた。

だから一茶は食べさせてやりたかった。善光寺門前をかけずりまわり、ついに一個もない、あきらめるしかないとわかって、一茶はまるで子どものように涙をこぼした。三十九歳の一茶が子どものように。天はわれを見捨てたのか、神仏はわれを見限ったのか、と。

井泉水の目に、あざやかに、涙をこぼす一茶が見える。

幻なのか。

一茶が「父の終焉日記」の中から踊り出てきたのか。

出会いの寺善光寺のおはからいだったのか。

井泉水は幸運にもゴツゴツの梨に出会い、一茶にも出会えたが、出会いの寺善光寺は、気の毒にも一茶を梨に出会わせてはくれなかった。

善光寺門前で病む一茶に出会う

同じ昭和五年の十月、同じ善光寺門前の宿で、井泉水は腫れ物に苦しむ一茶の幻に出会った。

きっかけは、やはりあのゴツゴツした日本在来種の梨だった。

買ってきた梨を朝食の後に食べようと机の上に並べ、なんとはなしに眺めていると、梨が梨でなく、一茶の顔に見えてきた。隣りの梨は一茶の親しい門人上原文路のように見える。その横に小林反古もいる。

今は書店となっている場所に、一茶が寝込んだ上原文路の家があったという（長野市）

二人とも善光寺のすぐ東に店を構え、文路は薬問屋を、反古も富裕な商人で、一茶はこの文路の家に、五十一歳の夏から秋の七十五日間、寝込んでしまったことがあった。その一茶たちの姿が、机の上の梨の向こうに、不思議な幻影のように、際立ってくる。

やや大きくて、まるまるとして、坐りのいい一つは、何となく一茶の顔に見えてきた。そして、も一つの、肌目の点々がうすあばたのように見えるのは、文路の顔に、も一つの少々いびつな坐りの悪そうに見えるのは、反古の顔に見えてきた。――ふしぎな幻想だが――一茶はある年、旅中、善光寺に来て、ふっと病みついたのだ。半月ほど前から、臀《しり》の端にちくちくと痛いような、痒《かゆ》いような感じはあったが、大して気にも留めないでいた、それがとうとう癰《よう》だと解って、寝ついてしまったのだ。

(「善光寺」『一茶を尋ねて』所収)

一茶はこの直前までまことに元気だったのにと井泉水は思う。

ようやく遺産相続に決着がつき、弟の仙六と、田畑も屋敷も山林もきれいに半分分けになった。父の遺言どおり、一茶の願望どおりに。

一茶は大した元気で北信濃の門人歴訪を続けていた。毛野(今の飯綱町)、六川(今の小布施町)、長沼(長野市)、善光寺と歩きまわり、六月十四日は善光寺の反古の家に入って「ナガ呑」と一茶自身「七番日記」に書き付けるほど呑んでいた。

そんな忙しさと不摂生がたたったのか、「癰《よう》」だとわかった臀の腫れ物は、鮟鱇《あんこう》の胃袋にパンパンに水を入れたように腫れあがった。槍に突かれるような痛みといい、炎の中にいるごとき高熱といい、尋常ならざる汗は布団をとおし畳までぬらす事態となった。若村という医者の薬も効かず、外科の小山有隣の針治療を受けてもまったく効果がない。さじを投げられたも同然で、自然に膿《うみ》が出るのを待つしかないと医者が帰ってしまう始末。

一茶はウンウン言いながら、横たわるほか何もできず、話し相手は枕、仕事はといえば畳の目を数えることぐらいという苦しさ。

それでも、一茶のそばには、いてくれる人がいた。文路がいる。文路の妻の春尾もいる。反古も向かいの店から様子を見に来てくれる。

六月二十八日の夜だった。

一茶が「蚤蝿《のみはえ》にあなどられつゝけふも暮ぬ」と、情けない自分の姿をつぶやくと、文路が「涼しく見ゆる庭の草花」と七七の脇句を涼やかに付けてくれた。三句目は反古が「水《すい》風呂《ふろ》の桶《おけ》の際《きわ》より月出《いで》て」とこれまたさわやかに、四句目は妻の春尾が「ことしの綿《わた》のはけ口をとふ」と綿の収穫期の今を商人らしい感覚で付けた。

三つの梨が寄り添うように、病人の一茶に看病の三人が寄り添い、おのずからなる連衆《れんじゅ》となって、五七五、七七、五七五、七七と付け合う中に、恋の句も月の句も無事に収まり、挙句《あげく》は文路の「庄屋のせどに春風が吹《ふく》」と三十六句の歌仙一巻ができあがっていた。

病気はまことに苦しいが、一茶の枕元には句の世界に遊べるまこと良き門人がいた。

そんな、昔々の一茶たち三人が、三つの梨の向こうに、次々に浮かんでくる。不思議な幻想の数々。

昭和五年の秋、井泉水が見た善光寺門前の幻だった。

うつくしやせうじ《しょうじ》の穴の天の川

これも井泉水の心に浮かんだ一茶の句。「癰《よう》」に苦しみ、高熱や激しい痛みの中から生まれたとは思えないほど美しい句だが、寝ていればこそ、障子の穴の向こうに天の川を発見する不思議にも出会う。この日、患部から初めてたくさんの膿が出た。膿が出れば、体も少し楽になる。心も少し楽になって、美しいこの句が生まれたのであろう。

だが、一茶の耳にはおそろしいことも聞こえてくる。

同じ病で、腫れた場所も同じ小唄《こうた》諷《うた》いの小兵衛という者が今日死んだという。同じこの町の彦左衛門という者も同じ病、同じ場所が腫れて、いついつ死んだという。あそこの誰が、ここのなにがしがと次々に入ってくる忌まわしい噂。「癰」は今ならば抗生物質がよく効く腫れ物だが、一茶のころは命取りにもなった。いよいよ死出の山を越える番が自分にも来たのかと、しきりに淋しく、されどまた、嘆き悲しむ妻子がないのが、いまわの際にはかえって心残りがなくていいかもしれない。

入《い》らば今ぞ草葉の陰も花に花

これもまた井泉水の心に浮かんでくる一茶の一句だった。

同じ死ぬなら、秋草の咲き乱れる美しい今こそ、草葉の陰の入り時という一茶。

井泉水の目に見舞いの客が見える気がする。枕元にたくさん置かれている見舞いの品も見える気がする。弟の仙六はそば粉を持ってきた。柏原の本陣の桂国からは金二両の見舞いが届けられた。他にも何人もの門人が見舞いに来たり、金を届けたり、江戸の宗匠鈴木道彦も金を送ってくる。饅頭、上菓子、煎餅、金平糖、心づくしの見舞いの品が一茶の枕元にたくさんある。

そしてその中に、五つか六つ、梨もあったにちがいない、と井泉水は思う。一茶の「七番日記」に、見舞いの梨がないことは承知の上で、井泉水は梨を見つめる一茶を想像したいのだ。

井泉水は思う。枕元に梨があれば、必ず一茶は、食べさせてやれずに死なせた父を思い出す。ふがいない自分が思い出され、それでも父が、いまわの際に言ってくれた愛情あふれる言葉を、もう遠国を流浪するな、生まれた国に落ち着いて、妻を持たなくてはいけない、と言ってくれた父のことばを絶対に一茶は思い出す。

あれから十二年がたった。一茶は五十一歳になり、故郷にもどり、家を持てた。だが、妻はまだ持っていない。そんなままで、草葉の陰に入ったら、父は何といって悲しむだろう。今死んだら父に会わせる顔がない。絶対に今死んだらいかんのだと、強く思った一茶がいた。そう井泉水には幻想されてならないのだ。

一茶は、「入らば今ぞ草葉の陰も花に花」という句の覚悟を振り捨てた。

強く生きようと奮い立ち、九月五日の朝、いよいよ歩き出す。善光寺門前に病むこと七十五日。一茶は霜枯れの野の虫のように衰えきってはいたが、一歩一歩、息を切らし、臑《すね》をなでながら、それでも善光寺から長沼の門人の家まで歩いていったのだ。翌年には嫁をもらった。子の父になる人生も体験することになる。

井泉水は、これらのあざやかな一茶の姿は、みんな一茶が書いて残したものの中にあるのだという。もしも井泉水にオリジナルな思いつきがあるとすれば、一茶の枕元に見舞いの梨を置いたことだけだと。

だがと、また井泉水はいう。

いや、これも私の思いつきではない。ここの私の宿の机の上に置いてある梨が、ふしぎな事に、そうした幻想を、まざまざと私に起さしめたものなのである。

（「善光寺」『一茶を尋ねて』所収）

梨のマジック。

善光寺門前で、時代遅れのゴツゴツの梨に出会い、一茶が探しまわった梨もこんなかなと思い、そういえば一茶の顔に似ているなと思う。それから始まった幻の一茶との出会い。これらはすべて梨が見せてくれたマジックだったのだと。

思えばよくぞ、善光寺門前で、時代遅れの梨に出会えたものよ。
井泉水と梨と。やはり善光寺は出会いの寺といったら、我田引水、牽強付会であろうか。

ちなみに上原文路の家は、善光寺に向かい、仁王門をくぐりぬけた東西の道を、東へ少し下った左手にあったという。今の北島書店の場所が文路の家だったといわれ、看板に一茶の句「うつくしやしょうじの穴の天の川」が書かれている。反古の家はその向かいにあった。塚田道有は善光寺大勧進の侍医で、家は桜小路（桜枝町）にあったという。

一茶　一日ちがいの善光寺

井泉水が幻の一茶に出会った善光寺で、一茶もまた、三十年ぶりの友に、幻の出会いをしていた。

幻の出会いをもたらしてくれたのは、一茶の場合は善光寺の本堂に残された落書きだった。

文政五年、一八二二年の九月だった。一茶は六十歳になり、「癰《よう》」の時にすっかり世話になった善光寺門前の上原文路の家に八月二十九日から滞在していた。さて善光寺にお詣りにと出て来て、ふと目にした本堂の柱に、長崎の旧友のあの人この人の名が書かれていたのだ。驚き、喜び、だが、まことに残念にも一日違いの昨日だった。彼らがはるばる四百里の道を歩いて善光寺に参拝し、今生の思い出に名前を柱に書き付けて、長崎へともどっていったのは昨日だったのだ。もしも昨日、一茶が善光寺に来ていれば会えたものをと

信濃の俳人、小林一茶。文政５年８月、善光寺に詣でたことを記している（一茶記念館所蔵）

いかにも残念で、長い前書きをつけて、一句詠んだ一茶の幻の出会い。では口語訳で、

八月二十九日、善光寺に詣でる
本堂の柱に、長崎の旧友のだれかれが、八月二十八日に詣ると記してあった。今は三十年あまりの昔になろう、自分はかの長崎に留まって、一つの鍋の物を食べて笑って大声でしゃべり合った仲睦まじい人たちなのだ。ああ、昨日参っていたならば、対面して、来し方を語りあって、心慰められたものを。互いに四百余里も道のりが隔たっているから、再度この世では会い難い齢《よわい》であるので、しきりに慕わしくなつかしくて。

近《ちか》づきの楽書《らくがき》見へて秋の暮

一茶が長崎の友と知り合いになったのは、もう三十年にもなる昔だった。一茶は三十から三十六歳のころ、六年を超える長い年月を、京、大坂、中国、四国、九州と旅して歩いたことがあった。二六庵竹阿《にろくあんちくあ》の弟子一茶と名乗り、亡き竹阿の門人知友を訪ねていったから、歓迎してもらえて、熊本の八代までも行き、九州各地を巡って、暮れに長崎にたどり

つき、三十二歳の新春はそのまま長崎で迎えた。その思い出の人々なのだ。一茶はもう六十、人生ももう晩年、秋の暮れを迎えている。旧友たちもそれぞれに年を重ね、四百里もの距離を越えて再び会うことは不可能なのだ。

この長い前書きと句は文政版『一茶発句集』にのっている。一茶の三回忌の文政十二年に、門人たちの手で出版された上下二巻の句集で、門人の村松春甫による一茶の肖像画もあり、画には「ひいき目に見てさへ寒きそぶりかな」という一茶の句も添えられている。跋文《ばつぶん》には、一茶の死後、門弟たちが集まって未亡人に聞いてみると、遺言もなく、また一茶が机辺に置いていた反故《ほご》や本もみな失われていたので、門弟たちは師の遺墨を取り出したり、旅日記などを買い集めたりして、上下二巻の発句集を作ったと記してある。

「近づきの楽書き見えて秋の暮」という句は、一茶生前の『文政句帖』や『だん袋』にも「近づきの」の部分が「知《しっ》た名の」でのっている。どちらも前書きは短い。『文政句帖』は「善光寺の柱に長崎の旧友昨《さく》二日通《ふつか》るとありけるに」と短く、『だん袋』も「善光寺に詣けるに長崎の旧友きのふ通るとありければ」とこれも短い。

「知た名の」と「近づきの」、どちらがいいか、好みはそれぞれだが、前書きは詳しい方が、善光寺本堂の幻の出会いが生き生き伝わってくる。

四百里の距離と三十年の年月を超えて、もしも善光寺で出会えていたら、まことに人生はドラマである。やはり善光寺は出会いの寺だったと、もろ手を挙げて喜べるところだが、現実には一日違いで会えなかった。

けれども、落書きは偉大である。一茶の心にこれだけ鮮烈な思い出をよみがえらせ、会えたにひとしい感動を呼び起こす。

これもまた人生の出会い。幻の出会いと呼ぶより、しみじみと心を打つ出会いではないか。

アンコールワットの遺跡で、これが日本人の落書きですと、ガイドさんに連れて行ってもらったことがある。はるかなる異国カンボジアで、実際に会えたようなうれしさがあった。落書きは一六〇〇年代だったろうか。忘れてしまったが、そのころのカンボジアは気の遠くなるほど遠い。よくぞ来たものだと驚いたが、人生一度の思い出に書き残した落書きのおかげで、時空を越えて出会えたうれしい一瞬だった。

はるかなる異国であり、はるかなる昔である。それでも夢幻《ゆめまぼろし》とは思えぬ出会いだったから、一茶も、長崎の友に会えなかった無念よりも、友を身近に感じられた喜びの方が大きかったのではないか。
国宝に落書きは厳禁。ではあるが、昔の落書きは歴史文化遺産かもしれない。

あとがき

善光寺縁起で興味深く思われるのは、阿弥陀如来が、難波の堀江で、信濃の国の本田善光と出会える日をずっと待っていたこと。そして、やっと通りかかった善光の肩に飛びつき、驚いた善光が振り払い投げ捨てようとしても、漆のごとく取り付き、本田善光が前世の百済《くだら》の聖明王だった時のこと、そのまた前世の天竺《てんじく》の月蓋長者《がっかいちょうじゃ》だった時からの因縁を語り、待っていた、やっと出会えたといって、善光に背負われ信濃国をめざした。昼間は善光が如来を背負い、夜は如来が善光を背負いというのも、待ちに待った出会いであったればこそのこと。

信濃のわが家に到着した善光は、臼の上に安置するが、これではあまりに無礼だと、別に草堂を造って安置しても如来様は善光の家の西庇に飛んで帰ってこられる。善光とともに在りたいという善光寺如来の心を語る縁起に思えるのだ。

善光夫妻が一人息子の善佐に先立たれ、嘆きに嘆くと、如来様は地獄まで飛んでいって、善佐を閻魔様から貰い受けて、この世の善光のもとへと連れ帰って下さる。それほどにも深く、切っても切れぬ出会いを善光となさった善光寺如来。

そんな縁起を生み出した昔からの人々の心にも、善光寺と出会いの物語の縁の深さが感じられてならない。そして今も、善光寺本堂の真中に善光の家族が座り、その西に善光寺如来が静かに立っていらっしゃる。

善光寺縁起の一番古いものは『扶桑略記《ふそうりゃっき》』に「善光寺縁起云《えんぎにいう》」として引用されたものだという。でもこの縁起には、出会いの物語はない。本田善光も出てこない。仏の託宣をうけて天皇の命令で信濃の国に移したという話だけだった。

平安末期の『扶桑略記』の出会いの物語なしの善光寺縁起から、室町時代の難波の堀江の出会いを語る縁起へと、大きく変貌させていった人々の心にも、善光寺に出会いを求める心が動く。

出会いの寺善光寺という深い歴史のある、魅力あるテーマに出会いながら、書こうとして書けない日々が続いた。そんな中で、お話を聞かせていただいた善光寺鏡善坊の前御住職、若麻績修英さん、信濃毎日新聞社出版部の山崎紀子さんの激励に感謝している。おかげさまで何とかなったでしょうか。そしてデザイナーの酒井隆志さんが苦労してくださった善光寺三景。墨と木炭の味わい深い絵は筆者の語り尽くせぬ世界を語ってくれている。

おかげさまで。これもまた善光寺の出会いでしょうか。

平成二十七年春

堀井正子

堀井正子（ほりい・まさこ）

千葉県生まれ。東京、横浜で育ち、東京教育大学文学部卒業。東京、沖縄、中国を経て現在長野市在住。長野県カルチャーセンター、八十二文化財団教養講座の講師等のかたわら、信越放送ラジオ「武田徹のつれづれ散歩道」レギュラーを務める。

主な著書に『小説探求　信州の教師たち』『絹の文化誌』『戸隠の絵本』『ことばのしおり』『ことばのしおり其の弐』『源氏物語　おんなたちの世界』『日々ことばのしおり』（信濃毎日新聞社）『近代文学にみる　女と家と絹物語』『異空間軽井沢　堀辰雄と若き詩人たち』『本の中の新州白樺教師』『堀多恵子・山ぼうしの咲く庭で』（オフィス・エム）『ふるさとはありがたきかな　女優松井須磨子』（こころの学校編集室）ほか

帯・章扉デザイン　酒井隆志
編集　山崎紀子

Shinmai Sensho
信毎選書　15

出会いの寺　善光寺

2015年5月15日　初版発行
2023年3月31日　第2刷発行

著　　者　堀井　正子
発 行 所　信濃毎日新聞社
〒380-8546　長野市南県町657
電話 026-236-3377　ファクス 026-236-3096
https://info.shinmai.co.jp/book/
印刷製本　大日本法令印刷株式会社

ISBN978-4-7840-7260-6 C0395

定価はカバーに表示してあります。
乱丁・落丁本は送料弊社負担でお取り替えいたします。